KATHARINA LEY

ANDERS ÄLTER WERDEN

KATHARINA LEY

ANDERS
ÄLTER WERDEN So gelingen
die besten Jahre

fischer **&** *gann*

Bibliografische Information der Deutschen Nationalbibliothek:
Die Deutsche Nationalbibliothek verzeichnet diese Publikation
in der Deutschen Nationalbibliografie; detaillierte bibliografische Daten
sind im Internet über http://dnb.d-nb.de abrufbar.

Dieses Werk einschließlich aller seiner Teile ist urheberrechtlich geschützt.
Jede Verwertung außerhalb der engen Grenzen des Urheberrechtsgesetzes
ist unzulässig und strafbar.
© Verlag Fischer & Gann, Munderfing 2016
Umschlaggestaltung | Layout: Gesine Beran, Turin
Umschlagmotiv: © shutterstock/Monkey Business Images
Gesamtherstellung | Druck: Aumayer Druck + Verlag Ges.m.b.H. & Co KG, Munderfing
Printed in The European Union

ISBN 978-3-903072-32-9
ISBN E-Book 978-3-903072-39-8

www.fischerundgann.com

INHALT

Einleitung

KAPITEL 01 –
DAS ALTER HAT EIN BESONDERES FORMAT

Älterwerden heute – Neues und Altes 13

Die jungen Alten – Babyboomer und Alt-68er . . . 18

Das Wagnis der Langsamkeiten 26

Bewusstseinswandel und Übergänge 31

Das Wissen der Alten 35

Denkräume – individuell und gesellschaftlich . . . 42

Das Paradox der Alterszufriedenheit, oder:
wenn man nicht mehr muss 45

KAPITEL 02 —
**EINE NEUE BEZIEHUNG
ZWISCHEN DEN GENERATIONEN**

Generationensegen – Generationenkonflikte 51

Großeltern zwischen Autonomie
und Solidarität 55

Was Großeltern berichten. 57

Auch die Jungen haben Anliegen 82

Neue Töne im Dialog 86

Leibliche und soziale Beziehungen 92

Die Welt ist nicht gerecht 96

Wie wollen wir im Alter leben? 102

Wertvoll und vollwertig in der Gesellschaft 107

KAPITEL 03 —
INNERLICH AUF AUGENHÖHE

Abschied von Hierarchien 113

Älterwerden als Paar oder als Single 118

Wir sind mehrere Selbste 122

Mit dem Tod auf Augenhöhe 126

Die Kunst des guten Beendens 130

KAPITEL 04 –
STERBEN IST DAS LETZTE GEHEIMNIS

Prélude 137
Interlude 142
Ausblick 145

Dank 149
Anmerkungen 151
Literatur 152

EINLEITUNG

DIESES BUCH IST EIN PLÄDOYER FÜR VERBUNDENHEIT, Friede und Solidarität. Für lebenslanges Lernen und Lieben – auch im Zuge des Älterwerdens. Für eine Prise Verrücktheit und Unbekümmertheit. Für Liebe und Versöhnung in der heutigen Generation jener, die ihr Arbeitsleben zum Großteil hinter sich haben. Insbesondere auch für eine neue Solidarität innerhalb dieser Generation und zwischen den Generationen.

Man kann einiges dafür tun, um in Versöhnlichkeit, in Frieden und in sozialer Verbundenheit älter zu werden. Je früher im Leben wir mit den Vorbereitungen beginnen, desto besser. Es ist nie zu spät, sich der Versöhnung und dem guten Beenden, dem Vollenden zuzuwenden, im persönlichen wie im gemeinschaftlichen Leben. Dabei spielt die Solidarität eine große Rolle.

Alle Lebewesen sind biologisch endlich. Älterwerden und Altern sind natürliche Prozesse – aber die standen lange nicht im öffentlichen Interesse. Man wurde einfach alt, und das ziemlich früh. Das hat sich heute verändert. Der demografische Wandel und die rasante Verbesserung der körperlichen, geistigen und seelischen Gesundheit vieler haben das Alter in den Focus gerückt. Heute wird sogar von der Kunst des Alter(n)s geredet. Von der Normalität zur Kunst – wenn das kein Programm ist!

DIE ZWEI SEITEN DES ALTERS

ES GIBT DIE SOZIALE SEITE DES ALTERS. Hierzu gehören Arbeit im weitesten Sinn – Erwerbsarbeit, freiwillige Arbeit, Familien- und insbesondere Großelternarbeit – aber auch andere Bereiche, in denen wir Liebhabereien pflegen, Begabungen entfalten, Beziehungen leben, Anerkennung gewinnen und den eigenen Wert erfahren. Wir leben heute lange gemeinsam in unserer Gesellschaft, nämlich in vier Generationen zur gleichen Zeit. Wenn wir dieses lange gemeinsame, generationsübergreifende Leben gut gestalten wollen, muss Solidarität zum Thema werden. Dann ist die Frage brennend, was und wo und wie wir mit- und füreinander leben wollen. Und was es bedeutet, als vier Generationen zusammenzuleben. Das ist etwas

Neues, und so bedarf es neuer Ideen, der Fantasie und der Kreativität. Solidarität ohne Autonomie gibt es nicht.

Es gibt auch die persönliche Seite des Alters. Wie kann man sich auf eine gute, glückliche und gelingende Art und Weise ins Alter und Altern begeben? Wie kann der Umgang mit den körperlichen, sozialen, eventuell geistigen, seelischen Veränderungen gelingen? Wie wohnen wir möglichst lange selbstbestimmt in den eigenen Wänden? Oder aber: Wie leben wir die Erlaubnis, vom Leben erschöpft zu sein? Alles ist möglich. Vieles ist unmöglich – das war auch vorher so. Zerbrechlichkeit und Verwundbarkeit kennen wir doch vom ganzen Leben her, nur häufen sie sich im Alter. In der aktuellen Generation der jungen Alten ist einiges neu – und anderes so, wie es immer schon war. Wir erfinden die Welt nicht neu. Aber wir entdecken Möglichkeiten, von denen unsere Vorfahren nicht zu träumen wagten.

EINE NEUE ZEIT

DIE FOLGENDEN AUSFÜHRUNGEN KREISEN um die soziale und persönliche Seite des Alters, weil die Kunst des Alters nur gelingen kann, wenn wir die beiden Aspekte im Zusammenhang sehen. Besonders betonen möchte ich, wie notwendig die Solidarität ist – und welche Chancen sie bietet. Gerade im heutigen Europa ist in Bezug auf die Flüchtlingswellen diese Solidarität angesagt. Da ist viel Kreativität, viel Mut gefragt.

Der Mensch ist ein soziales Wesen. Und in existenziellen Erfahrungen ist er doch allein auf sich gestellt. Beides stimmt. Heutzutage gibt es im langen Zusammenleben von vier Generationen neue Möglichkeiten, die erkundet werden wollen. Die Gesellschaft prägt unsere individuellen Erfahrungen, und im persönlichen Leben können wir Dinge denken und umsetzen, die alternde Menschen vor uns kaum je realisieren konnten. Eine neue Zeit ist angebrochen.

KAPITEL 01 | DAS ALTER HAT EIN BESONDERES FORMAT

ÄLTERWERDEN HEUTE – NEUES UND ALTES

DAS ALTER FÄLLT FÜR EINEN MENSCHEN nicht vom Himmel. Es bildet sich aus dem Leben heraus. Die Ausprägungen des Älterwerdens entwickeln sich aus dem je persönlichen, charakteristischen, bisher gelebten Leben. Ob jemand verbunden, einsam, aktiv, passiv, stark, schwach, interessiert, gleichgültig gelebt hat, spielt im Älterwerden eine große Rolle. Jeder Mensch nähert sich in persönlicher wie sozialer Hinsicht seinem Alter und entwickelt sich durch die altersgemäßen Veränderungen weiter. Solche Veränderungen gibt es viele: Wir werden langsam, vergesslich, körperlich schwächer, ängstlich, müde, krank, schmerzvoll, bedürftig, abhängig. Doch im besten Fall werden wir auch gelassen, weise, versöhnt, selbst in der Abhängigkeit verbunden.

Alle diese Veränderungen gibt es auch im sogenannten aktiven Leben. Vor allem Frauen kennen sie durch Schwangerschaft, Geburt, Kinderbetreuung oder Pflege. Es geht um Langsamkeit, Zeithaben, Schwäche, Müdigkeit, Ängstlichkeit. Warten. Ruhe. Gelassenheit. Meistens sind es vorübergehende Phasen. Es gibt aber heute zunehmend auch Erschöpfung, Burn-out und Depression durch Stress, durch eine übermäßige Beschleunigung. Und im Gegensatz zu früher sprechen wir heute über diese Art der Müdigkeit.

EIN NEUES MUSTER ENTSTEHT

MIT DEN JAHREN NEHMEN DIE ERWÄHNTEN VERÄNDERUNGEN überhand. Sie dominieren und bilden somit ein neues Muster: das Älterwerden. Entscheidend hierfür ist die Häufung, denn die einzelnen Phänomene sind uns ja bekannt. Es ist gut, sich daran zu erinnern, denn so können wir eine Brücke zwischen den Generationen und Geschlechtern schlagen. Das neue Muster stellt darüber hinaus etwas für

sich Bestehendes, etwas Großes dar. In diesem Zusammenhang stellt sich die Frage, ob wir das Leben als Linie deuten,
also von A nach B. Oder als Spirale. Oder ganz anders.

Das Alter mit seinen Hinfälligkeiten und Gebrechen
kommt heute – in Jahren beziehungsweise Jahrzehnten
gemessen – später als früher, weil wir insgesamt älter
werden. Diese neue Entwicklung hat Auswirkungen auf
die Zukunft. Doch wenn das Alter kommt, dann bleibt
vieles auch gleich. Es ist heute noch nicht ganz klar, was
sich unsere Generation mit der Langlebigkeit alles einge-
brockt hat. Zurzeit wird sie gefeiert, ja, manch einer
träumt sogar vom ewig langen Leben. Doch sehr alte,
weise Menschen geben zu bedenken, dass die heutigen
Alten nicht mehr »einfach sterben« können. Wir werden
komplex alt und wir sterben ebenfalls komplex.

MENSCHEN ALTERN UNTERSCHIEDLICH

DAS ÄLTERWERDEN IST EIN PROZESS, eine Dynamik, die aus
verschiedenen Phasen besteht. Es gibt Alterungsschübe,
stabile Phasen, Krisen, Aufschwünge. Es gibt Freude, Stolz,
Befriedigung, Gelassenheit. Es gibt Bedauern, Scham,
Schuld, Angst.

Frauen altern anders als Männer. Menschen mit
Kriegserfahrungen (zum Beispiel in Deutschland und

Österreich) altern abhängig von den Umständen ihrer Erfahrungen anders als Menschen in kriegsverschonten Ländern (in der Schweiz). Paare altern auf ihre Weise, miteinander, nebeneinander, ohne einander, und Menschen ohne Partner und Familie ebenso. Körper, Begehren und Sexualität sind lebenslang ein Thema.

Es ist wichtig, in der Gegenwart neue Erfahrungen zu machen und sie in noch nicht bekannten Bildern und Metaphern zu beschreiben – dadurch können wir Neues entdecken. Noch nie gab es die heutige Langlebigkeit, das späte Altwerden und das Miteinander in Vier-Generationen-Familien. Noch nie hat eine alternde Generation den Individualisierungsschub, den rasanten Wandel in allen gesellschaftlichen Belangen und die Vorherrschaft von Technologie, Internet und sozialen Medien erlebt – oft auch verbunden mit einer Überforderung.

Noch nie haben sich die Verhaltens- und Kommunikationsregeln so grundlegend verändert. Ein kleines und bedeutsames Beispiel: Die Jungen fühlen sich mehrheitlich nicht verpflichtet, den Alten den Vortritt zu lassen. Wer heute etwas will, auch wenn es nur ein Sitzplatz im Bus ist, muss das einfordern.

In früheren Generationen haben die Jungen die Alten versorgt: aus familiärer Verpflichtung, oft freudlos, widerwillig, lieblos – eine Alternative gab es nicht. Und wenn die Pflicht mitmenschlich gelang, war es ein nicht erwartetes, nicht erhofftes Glück. Wird man heute individueller und verbundener – und damit anders – älter als früher? Das ist eine sehr wichtige Frage.

Und was bringt eine neue, freiwillige Verbundenheit unter den Älteren und Alten sowie zwischen den Generationen? Mehr Freiheit? Mehr Gesundheit? Mehr Glück? Und wie steht es dabei mit der Solidarität, dem Sich-aufeinander-verlassen-Können? Mit dem Wahren der Würde und Selbstständigkeit? Diese Fragen werden uns durch das Buch begleiten.

DIE JUNGEN ALTEN –
BABYBOOMER UND ALT-68ER

DIE HEUTIGEN ALTEN GEHÖREN ZU JENER GENERATION, die den
Mai 1968 miterlebt hat – sie waren unmittelbar dabei oder
schwammen im Fahrwasser der Auswirkungen auf alle
Bereiche der Gesellschaft. Kann von dieser revolutionären
Energie etwas im Alter umgesetzt werden? Im Sinne von
»Gemeinsam sind wir stark« und »Wir lassen uns nichts
von oben befehlen«? Natürlich sind längst nicht alle 68er
auf die Straße gegangen. Doch der revolutionäre Funken
zündete. Die Menschen, die damals auf der Straße und in
der Universität protestierten, läuteten ein neues Zeitalter
ein. Die Zeit war offensichtlich reif für etwas Neues.

Eine ganze Generation (geboren zwischen circa 1943
und 1965) ist eingebettet in spezifisch prägende politische,
gesellschaftliche, kulturelle und familiäre Zusammenhänge. Gegen Ende des Zweiten Weltkrieges und nach
dem Krieg kamen die generationenstarken Jahrgänge zur
Welt, die sogenannten Babyboomer. Sie wurden geboren
in eine Zeit des Friedens in Europa, des Wiederaufbaus
und des nachhaltigen wirtschaftlichen Aufschwungs.

Blenden wir zurück in die 60er-Jahre des vergangenen
Jahrhunderts. Damals ereignete sich in der westlichen
Welt Unerhörtes. In den USA und anderen Staaten erhob
sich ein internationaler Protest gegen den Vietnamkrieg

(1955-75), und mit den Aufrüstungsschritten und -plänen der NATO formierte sich eine länderübergreifende Friedensbewegung. Um 1968 begannen die internationalen Studentenproteste und -krawalle. Autoritäten und Traditionen wurden grundsätzlich infrage gestellt. Das Private war politisch geworden. Wohnkommunen, die antiautoritäre Kindererziehung, die feministische Revolte, der freie Sex, der durch die Ende der 60er-Jahre auf den Markt gekommene Pille möglich wurde – das waren die Themen und Programme. Es wurde vieles ausprobiert. Die Normalbiografie wurde zugunsten der Wahlbiografie aufgebrochen.

VORBILDER

Im Alter von zehn bis Mitte zwanzig vermisste ich schmerzlich tolle weibliche Vorbilder. Einerseits waren da meine Mutter, ihre Freundinnen, unsere Nachbarinnen, Tanten und Großmütter: meistens Hausfrauen mit Kindern und Ernährermann. Sie bewunderten ihre Männer, bedienten Mann und Kinder und arbeiteten schwer in Haus, Küche und Garten, an der Nähmaschine und in der Waschküche. Nein, so wollte ich nicht werden. Das Haus allein erschien mir zu eng, zu einschränkend. Dann gab es die ledigen Frauen, die entweder berufstätig oder

*mit den eigenen Eltern beschäftigt waren. Nein, das war
ja noch schlimmer. Dann gab es meine Lehrerinnen,
damals allesamt ledig und alleinstehend, etwas vertrock-
net, bitter, streng. Sie lachten wenig. Nein, das konnte es
auch nicht sein.*

*Da waren die Männer um mich herum – Vater,
Onkel, Lehrer, Nachbarn. Sie hatten größtenteils ein
spannendes Leben, fand ich. Mein Vater kam mit leuchtenden Augen von »draußen« herein. Das Draußen
musste etwas besonders Spannendes sein. Ich wusste
schon früh, dass ich auch nach »draußen« wollte, nur ja
nicht im Haus gefangen sein.*

*Meine beiden Großväter waren nicht nur berufstätig,
sondern auch noch großartige Köche. Sie konnten also
beides. Die beiden Großmütter fand ich langweilig. Eine
Großmutter weinte, wenn ich bei Brettspielen Kapriolen
machte, weil ich gewinnen wollte.*

*Meine Eltern erlaubten mir nicht, aufs Gymnasium
zu gehen. Sie meldeten mich im Lehrerinnenseminar an.
Danach musste ich mindestens zwei Jahre in einer Schule
Kinder unterrichten, damit meine Ausbildung sich amor-
tisierte. Danach würde ich sowieso heiraten und Kinder
kriegen.*

*Vorbilder für ein gelungenes Leben als Frau? Ich
hatte keine. Ich vermisste sie. Und ich war voller Lebens-*

*lust, voller Neugier und mit großer Freude am Lernen.
Ich spürte, dass das den Weg zum ersehnten »Draußen«
ebnen würde. Dort hoffte ich andere Frauen zu finden,
die Wünsche hatten wie ich – und vielleicht sogar Vorbilder für ein gelingendes Leben als Frau.*

*Das war in den 60er-Jahren und gipfelte in 1968.
Eine neue Zeit brach an. Auch Studentinnen gingen auf
die Straße. Eine Tür zur Welt öffnete sich. Nun ging ich
an die Universität.*

VERÄNDERTE WERTE

MIT DER AUSBREITUNG DER 68ER-BEWEGUNG veränderten
sich gesellschaftliche und private Werte und Interessen. Es
geschah eine Art Aufklärung.

Die jungen Leute in den 60er- und 70er-Jahren sind
Pioniere, eine soziale Gruppe, die Vorteile verschlingt und
auf die Straße geht, im Bett und in der Familie experimen-
tierfreudig ist, neue Begriffe für neue Erfahrungen sucht.
Dabei sind die 68er meist durch die traditionellen Werte
ihrer Kindheit geprägt, in ihrer Pubertät verändern sich
die Werte und Interessen jedoch. Nun wird das Private
politisch und das Politische privat. Wir erfinden die Welt
neu. Vertraute Zusammenhänge sind dazu da, um aus-
einandergerissen zu werden; zum Beispiel in der Sexuali-

tät. Alles muss anders werden. Keine Vereinnahmungen. Keine Traditionen. Die Säkularisierung schritt voran. Die Ablehnung der Pille durch die katholische Kirche führt zur Entfremdung von der Kirche, zu Austritten. Eine internationale Musikkultur prägt die Jugend.

Es war ein harter Kern von zumeist Studentinnen und Studenten, der die 68er-Revolte, die Anti-Vietnamkrieg-Proteste und die sozialen Wohn-, Erziehungs- und Liebesexperimente gestaltete. Doch diese Proteste, die Innovationen und das Sich-Inszenieren prägten die gesamte Generation und alle Schichten. Auf einmal war es denkbar und möglich, sein Leben nach eigenen Vorstellungen zu gestalten und nicht klaglos und hadernd-dankbar in die Fußstapfen der Eltern zu treten.

ÜBERGANG IN DIE 60ER-JAHRE

Ich bin ein Jahr nach dem Ende des Zweiten Weltkriegs geboren. Noch waren die Ängste und die Einschränkungen des Krieges selbst in der behüteten Schweiz präsent im einfachen Lebensstil, im Essen, bei den Kleidern, in den Erzählungen der Verwandten, wie es gewesen war.

Dann kam der wirtschaftliche Aufschwung der 50er- und 60er-Jahre. Meine Eltern bauten ein Einfamilienhaus. In der Mittelschicht konnte man sich einiges leisten, zum Beispiel ein Auto und Urlaub. Nicht aber in der Arbeiterschicht. Da wollten mir meine Eltern den Umgang mit Arbeitermädchen verbieten – was ihnen aber nicht gelang. Ich lechzte danach, zu erfahren, wie andere lebten und dachten. Ich ahnte, dass es andere Lebensmuster gab als dasjenige in unserer Familie.

Bei uns stiegen die materiellen Möglichkeiten, aber der Geist blieb eng. Neue Moden wurden abgelehnt: in der Kleidung, der Kultur, der Erziehung, der Liebe. Es sollte alles so weitergehen wie früher. Man arbeitete und man gehorchte. Die Rollenmodelle für Mädchen und Knaben waren strikt unterschiedlich und wurden stur verfochten. Ein Mädchen will studieren? Höchstens das Lehrerinnenseminar war drin. Du heiratest ja doch.

Das war Mitte der 60er-Jahre in der Schweiz. Doch noch vor der 68er-Explosion lag selbst in meinen bürgerlichen Kreisen ein Hauch von Protest, von Revolte in der stickigen Luft. Als junge Frau musste ich nicht mehr zwingend dem Diktat der Eltern folgen. Die Diskriminierung des weiblichen Geschlechts war zu greifbar und unerträglich geworden. Der Wunsch nach Bildung und freier Liebe hatte Vorrang. Die Welt war für mich offen und spannend geworden.

DIE GEZÄHMTE REVOLUTION

IM JÜNGEREN UND MITTLEREN ALTER mit seinen Anforderungen schienen sich viele Alt-68er zu beruhigen. Sie hatten es gewagt, selbst über die eigene Biografie zu entscheiden. Sie wollten den Beruf lernen, den sie sich wünschten. Sie wollten sich mit dem Mann, der Frau zusammentun, die sie liebten. Sie entschieden sich für eine Familie oder dagegen. Oft waren beide Partner berufstätig.

Für die Frauen war in den 60er-Jahren eine neue Zeit angebrochen. Frauen lernten einen Beruf, gingen an die Hochschule, wollten arbeiten und eigenes Geld verdienen. Eine Heirat bedeutete nicht mehr zwingend, die Berufstätigkeit aufzugeben. Das Gleiche galt für das Kinderkriegen. Die Wahlbiografie der berufstätigen Mutter war geboren. Natürlich gab es sie schon vorher, aber aus der Not heraus, aus Geldmangel, nach einer Scheidung. Nun geschah es aus der Freude an beiden Bereichen heraus.

Manche, vor allem Männer, traten den beruflichen Gang und Aufstieg durch die Institutionen an. Das musste den Revoluzzergeist etwas zähmen. Ähnliches geschah in den jungen Familien mit berufstätigen Eltern. Es brachte und bringt vielerlei Anforderungen mit sich, ein »dual career«-Familienleben zu gestalten und über Jahre durchzuziehen. Die Trennungs- und Scheidungsraten stiegen. Sich ein- und anzupassen und zu verharren war nicht mehr gefragt. Frauen und Männer suchten ein Leben aus Leidenschaft, aus Liebe. Und sie paarten sich wieder und wieder. Eine neue Generation von Kindern wurde in einer neuen Zeit geboren und musste und muss sich in sogenannten Fortsetzungs- oder Patchworkfamilien zurechtfinden. Doch dazu später mehr.

DAS WAGNIS DER LANGSAMKEITEN

IN DER HEUTIGEN HEKTISCHEN ZEIT gibt es immer mehr soziale Bewegungen, die sich die Langsamkeit auf die Fahnen geschrieben haben: *slow food, slow love* etc. Langsamkeit wird proklamiert, um achtsamer, bewusster das Leben auskosten zu können. Auch Urlaub und Freizeit können mit diesem Auskosten zu tun haben, aber manchmal ist die Langsamkeit eher eine Müdigkeit, eine Folge von Krankheiten und Erschöpfungssituationen. Heute wird gar von der Müdigkeitsgesellschaft gesprochen, von Burn-outs und psychischer Erschöpfung der jungen und mittleren Generation.

Und die Alten? Auch bei ihnen ist *slow* eine Tendenz. Nicht unbedingt eine erwünschte, freiwillige. Langsamkeit, so sie akzeptiert wird, erfordert mehr Achtsamkeit und bringt mehr Bewusstheit. Nicht mehr zack, zack!, sondern Pausen, Verschnaufen, Innehalten, Schwäche fühlen, Maß halten – sich selbst zuliebe. Notgedrungen. Selbstbestimmte Zeit haben, sein Leben in Ordnung bringen. Nachdenken können. Geduld und Innensicht.

SCHWÄCHEN UND STÄRKEN

AUCH IM ALTER KANN MAN DIE AUGEN vor Unangenehmem verschließen. »Das geht doch noch«, meinen wir mit Blick auf körperliche und geistige Anstrengungen – und es geht nicht mehr. Die Aussage »Man ist so alt, wie man sich fühlt« gilt nur solange, wie Körper und Kopf mitmachen. Und es ist nicht nur der berühmte Pianist Rubinstein, der das Kompensieren beherrschte. Alle Alten machen das.

Rubinstein übte zum einen zeitlich intensiver und zum anderen weniger Stücke, um immer noch auftreten zu können. Er spielte die langsamen Passagen sehr langsam, um sich in den schnellen nicht zu überfordern. Ein ermutigendes Beispiel von gutem Kompensieren (das auch der Altersforscher Baltes propagiert hat). Alle schwächer werdenden Menschen machen das. Sie konzentrieren sich auf das, was geht – und ignorieren beziehungsweise überspielen voller Weisheit das, was nicht mehr geht.

Langsamkeit kann als emotionale, kognitive und physische Regulierung verstanden werden, um sich wohlzufühlen, sicher und souverän zu sein, im Einklang mit sich, im Einklang auch mit den Schwächen – und vielleicht neuen Stärken.

Ein Beispiel aus dem Familienleben: Die Großmutter rennt nicht mehr dem vierjährigen Enkel nach. Sie macht nicht mehr Riesenprogramme mit ihm. Sie verkörpert eine andere Form von Präsenz. Sie ist da, aufmerksam und ruhig, spielt, erzählt Geschichten, kocht feine Speisen. Und der vierjährige Enkel versteht, dass er ihr nicht davonrennen soll – und bleibt in ihrer Nähe. Die weise, langsamer gewordene Alte: präsent, nicht urteilend, nicht stressend, gewährend. Und es ist ziemlich klar, dass das bei jungen Eltern noch nicht geht.

Die mentale Langsamkeit und das sich verschlechternde Gedächtnis sind eine große Herausforderung. Zumal für kluge, schlagfertige und informierte Zeitgenossen. Es geht um nichts weniger als um den Verlust früherer Fähigkeiten, um das Aufgeben einer überholten Identität. Und um das Ausprobieren einer neuen Identität, nämlich der Akzeptanz und Gelassenheit gegenüber dem, was jetzt und heute möglich ist. Die Einstellung dazu ist entscheidend. Nur beim Akzeptieren der Langsamkeit und der Verluste wird es möglich, dankbar in der Gegenwart zu leben, dankbar für das, was noch geht – und was war.

MEHR ZEIT FÜR SICH UND ANDERE

VIELE MÜTTER HEUTE sind gerne in der Küche und bei den Kindern und in Teilzeit berufstätig – wenn es das Familienbudget erlaubt. Auch viele junge Väter reduzieren ihre Arbeitszeit. Sie möchten mehr Zeit in der Familie, mit den Kindern verbringen. Ist das ein neuer Konservativismus? Oder eine Absage an die gestresste Gesellschaft und ein Plädoyer für Langsamkeit? Wachsen so andere Kinder auf und inwiefern werden sie anders sein? Viele Alt-68er ziehen ernüchternde Erziehungsbilanzen. Beispielsweise haben sie ihre Kinder vor Fernsehen und elektronischen Gadgets behütet; aber es hat nichts genützt. Nicht alles ist mit Erziehung machbar.

Verlangsamung heißt nicht Qualitätseinbuße. Sie bedeutet, selbstbestimmte Zeit zu haben, sein Leben in Ordnung bringen zu können. Nachdenken zu können. Geduld und Innensicht zu üben. Eine Überprüfung der Ressourcen: Was gibt mir die Kraft, vorwärts zu schauen und mich weiterzuentwickeln? Langsamkeit wird zur kognitiven, emotionalen und physischen Austarierung. Zahlreiche bedeutende Alterswerke, vor allem in Literatur und Musik, zeigen uns seit je neue Möglichkeiten dieser Lebensphase (siehe Goethe, Fontane, Behrendt).

Gleichzeitig ist wahr, dass das Altern auch eine Übung in Hilf- und Machtlosigkeit darstellt. Auch diesen Aspekt gibt es. Das Schreckgespenst Demenz. Angst vor Abhängigkeit. Vermutlich beeinträchtigt die Angst unser Lebensgefühl mehr, als die Langsamkeit es tut.

Ob durch die Zunahme der Älteren und Alten eine »Verlangsamkeit der Gesellschaft«[1] stattfindet, bleibt fraglich und offen. Es ist eine Fantasie, die verlockend klingt: eine Verlangsamung unseres hektischen Lebens. Mehr Zeit für sich und andere. Geht das überhaupt noch? Die älteren und alten Menschen bilden einen unübersehbaren, wachsenden

Anteil der Bevölkerung. Sie gehen in ihren Lebensgestaltungen altersgemäß langsamer vor. Sie sind vielleicht auf Hilfe angewiesen. Andererseits legen viele noch fitte Alte eine enorme Geschäftigkeit und Reiselust an den Tag, die jeder Verlangsamkeit der Gesellschaft ins Gesicht lacht.

MENSCHENMASS ODER MARKT

DIESE UNSERE GESELLSCHAFT beschleunigt insbesondere durch die neuen Technologien und das Internet enorm, ja atemberaubend. Der Markt dominiert das gesellschaftliche Geschehen. Die Jungen sind ein Marktfaktor. Die Alten sind es eben auch geworden – teils aus eigenem Antrieb, teils als Vereinnahmung. Wird die Gesellschaft immer schneller? Kann sie stagnieren, weil das Menschenmögliche an Geschwindigkeit langsam aber sicher an seine Grenzen gerät? Oder kann sie sich verlangsamen? Und wenn ja, wie? Eine wichtige Frage ist, ob sich Mensch und Menschenmaß durchsetzen können oder aber Markt beziehungsweise Technologie.

BEWUSSTSEINSWANDEL
UND ÜBERGÄNGE

DIE BABYBOOMER BEFINDEN SICH HEUTE im Übergang ins
dritte Alter, viele sind schon in Rente. Sie werden bald ein
Drittel der Bevölkerung ausmachen, sind zu einem großen
Teil gut ausgebildet, relativ gesund und materiell oft abge-
sichert. Insbesondere Menschen zwischen 60 und 75
Jahren bilden eine neue Altersgruppe, das »junge Alter«,
wie es auch genannt wird. Das ist etwas, das es früher so
nicht gab. Zugleich eine Realität und eine Metapher, verkörpert es neue und gute Herausforderungen und Entwicklungschancen.

Heute spielt die demografische Situation eine große
Rolle in der rasant angewachsenen und weiter zuneh-
menden Gruppe der Alten. Die so zahlreich geborenen
Babys sind älter geworden. Geprägt sind sie von den
wirtschaftlich boomenden Möglichkeiten der Nachkriegs-
zeit. Außerdem sind sie mehrheitlich fit und gesund und
haben oft einen mittleren bis vollen Geldbeutel und eine
befriedigende Wohnsituation.

Diese Entwicklung hat dazu geführt, dass es heute ein
junges und ein hohes Alter gibt. Das war noch vor weni-
gen Jahrzehnten nicht so. Nach meiner Erfahrung waren
die 1900 – 1925 Geborenen in der Regel mit etwa 60 Jahren
einfach alt. Sie trauten sich nicht mehr viel zu und hatten

geringe Ansprüche. Sie woll(t)en einfach anständig zu Ende leben.

Bei der nachfolgenden Generation, diejenigen, die zwischen 1925 und 1940 geboren wurden, trifft das nicht mehr unbedingt zu. Sie haben oft (noch) keinen positiven Blick auf das undifferenziert wahrgenommene Alter und wagen von daher kaum innovatives Altwerden. Aber durch die gesellschaftlichen Veränderungen eröffnen sich für sie im Alter neue Möglichkeiten.

ÄLTER, ABER NOCH NICHT ALT

DIE JUNGEN ALTEN, BABYBOOMER UND ALT-68ER, merken ebenfalls ab 60, dass sie älter werden; aber alt sind sie nicht, noch nicht. Sie gehen in Pension oder wollen noch (lange) arbeiten – in jedem Fall wollen sie aktiv sein, Enkel hüten, reisen. Sie profitieren vom technologischen Fortschritt in Haushalt und sozialen Medien, sie sind mündige Patienten, informieren sich umfassend über alles, was sie betrifft. Sie wollen nicht ins Altersheim, sondern wollen selbstbestimmt leben und auch sterben. Sie sind nicht im sogenannten Ruhe- oder Unruhestand, sondern in einer nachberuflich-nachfamiliären neuen Lebensphase.

Diese Entwicklung hat auch mit einem Bewusstseinswandel zu tun. Um die Jahrhundertwende wurde die

Psychoanalyse durch Freud, Jung und ihre Kolleginnen und Kollegen begründet. Dann kodierten Jugendstil, Dada und Künstlerkolonien viele Traditionen und Wahrnehmungen neu.

Ein Teil der alten Alten und viele junge Alte erlebten erstmals Freizeit als freie Zeit, entdeckten Kultur und Kunst als Teil ihres Lebens, machten Therapien und andere Selbst- und Welt-Erfahrungen. Reflexion wurde zu einem ernst zu nehmenden Thema und das Ererbte und Gegebene hinterfragt. Neue Modelle des Alterns wurden debattiert: erfolgreich, produktiv, bewusst, selbstgestaltet, solidarisch. Altern war gestaltbar geworden.

ZWISCHEN ZWEI POLEN

HEUTE KANN MAN DEM BEIFÜGEN, dass diese Bewusstseinsöffnung gottlob noch stattfand, bevor in den 70er-Jahren der Lifestyle-Hype aufkam, der bis heute anhält. Die – älter gewordenen – Babyboomer, die früher die Jugend- und Studentenrevolution verkörpert hatten, pendelten zwischen den Polen individueller Entfaltungsmöglichkeiten (Bildung, Pille, Wohlstand und anderes mehr) und soziale Verpflichtungen (Beruf, Familie, Politik).

Es scheint, dass sie sich auch heute in diesem Spektrum bewegen. Das bewusste, selbstgestaltete und autonome Altern bildet den einen Pol dieses Spektrums, das produktiv-verantwortliche und solidarische Altern den anderen. Zum Beispiel schafft Großelternschaft – biologisch wie sozial – einige Jahrzehnte nach 1968 eine neue Lebenswirklichkeit, die zwischen diesen Polen pendelt. Doch darauf kommen wir später zurück.

Postmodernes Altern ist etwas Neues, weil es in früheren Generationen kein Bewusstsein für solche Prozesse, keine Freiwilligkeit und damit keine Wahl gab. Heute gibt es sie – vor allem für jene, die sie zu nutzen wissen.

DAS WISSEN DER ALTEN

HEUTE WISSEN DIE JUNGEN ALTEN und die alten Alten viel. Nicht nur über die Welt, sondern auch über Körper, Seele, Krankheiten und mögliche Heilung und über den Tod. Sie wissen auch, woher und wie sie weiteres Wissen sammeln können. Sie informieren sich im Internet über alles, was sie interessiert. Google und Co. stellen fast alles zur Verfügung.

Menschen können heutzutage ihr Leben programmieren, zum Beispiel einen Kaiserschnitt bei ihrem Kind oder den eigenen Tod. Natürlich war Letzteres immer schon möglich, meistens auf gewalttätige Weise (durch Sich-Erschießen, einen Sprung in den Tod oder Gift). Sterbehilfe durch Exit oder Dignitas (sie ist in der Schweiz erlaubt) ist milder, aber dennoch abrupt und für viele Menschen – vor allem Angehörige – nicht Erlösung, sondern brutal, wie jeder Tod. End-gültig.

Die Frage stellt sich, wie wir heute – im Sinne einer Balance zwischen individuell und sozial – das große Wissen als sozialen Faktor ins Alter holen können. Einsamkeit wird immer wieder als eines der größten Probleme im Alter beschrieben – im Vergleich zu den Großfamilien früher. Altersheime als geplante und realisierte Orte der Gemeinschaft werden noch vielfach schief angesehen: »Aber ich doch nicht!« Das ist das eine. Das andere ist die

Nichtkommunikation, die Sprachlosigkeit, die an diesen Orten erlebbar wird. Aufgrund der körperlichen und psychischen Bedürftigkeit verharren viele Menschen dort in ihrer Einsamkeit.

Wie zeigen sich sinnstiftende Beziehungen jenseits des Ökonomischen? Wie kann sich eine neue gesellschaftliche Kultur herausbilden, die sowohl den Alten sinnvoll und machbar als auch den jungen Generationen attraktiv erscheint, mit all ihren Vorzügen: Neugier aufeinander, Zeit haben, Verlangsamung der Gesellschaft, Gemeinsamkeit, Solidarität?

WÜRDEVOLL ZU ENDE LEBEN

AUCH WENN ES HIER, IN DIESEM BUCH, in erster Linie um das Leben geht, kommt das Sterben mit darin vor, weil Sterben zum Leben gehört. »Jetzt wänd mir eifach no aständig z'Änd läbe« - es war eine sehr alte Frau, die das mit einem Lächeln zu anderen alten Frauen sagte. Was auch immer diese Frau mit dem Begriff »anständig« gemeint hat, bei mir hat es sich mit dem Begriff Würde und mit aktiver Präsenz verbunden, keinesfalls mit Schicksalsergebenheit.

Dieser Satz hat mich nicht mehr losgelassen. Auch an den sozialen Kontext erinnere ich mich: der Speisesaal eines Altersheims. Der Satz war an ihre Mitbewohnerinnen am Tisch gerichtet. Meine nachhaltige Erinnerung an diese Aussage, die nicht an mich gerichtet war, sondern die ich zufällig gehört habe, hat mit der Würde zu tun, die diese Frau für mich ausstrahlte: in ihrer Körperhaltung, ihrem Sprechen, ihrer Zugewandtheit zu den anderen. Mit Respekt vor dem Leben. Mit Demut. Mit offenen Augen, was ihr Lebensende betrifft. Weise. Mit der Vision des guten, verbundenen Beendens im Herzen. Und im Kontakt mit anderen Menschen.

Es ist wichtig, dass wir uns zu dem Trend, sein Leben selbstbestimmt zu beenden, Gedanken machen. Gibt es eine Pflicht zu leben? Wenn das Leben ein Geschenk ist, wie halten wir es dann mit Geschenken? Es gibt wohl keine Pflicht, ein Geschenk anzunehmen. Kein Mensch kann zum Leben verpflichtet werden, wenn er das Leben nicht mehr erträgt. Diesen Freiheits- und Entscheidungswunsch eines Menschen gilt es zu respektieren. Doch bedarf es einer Reflexion über Werte wie Dankbarkeit, Würde, Respekt. Was bedeuten sie angesichts des »anständig zu Ende lebens« beziehungsweise des selbstbestimmten Sterbens? Hier müssen wir auch die Rolle der Gesellschaft hinterfragen. Was tut sie, damit jedes einzelne Leben lebbar und auszuhalten und lebenswert ist? Alter ist auch eine gesellschaftliche Frage.

GLOBALE SOLIDARITÄT IST GEFRAGT

WIR BEFINDEN UNS IN DER SCHWEIZ in einem wohlhabenden Land, das eine der höchsten Lebenserwartungen weltweit hat: bei Frauen sind es 85, bei Männern 81 Jahre. Das Durchschnittsalter der Weltbevölkerung beträgt lediglich 30 Jahre. Ein Drittel der Europäer ist über 60 Jahre alt und die Tendenz ist steigend. Wir haben Krankenversicherung und Altersvorsorge – obwohl es auch bei uns arme Menschen, einsame Menschen, Menschen in Krankheit, in Elend, in Verzweiflung gibt.

Die Zeichen der Globalisierung stehen auf Sturm. Die sozialen Medien verändern die Identitäten. Ein globaler Kulturwandel ist im Gange. Gleichzeitig wird dramatisch klar, dass auf dieser Erde vieles nicht stimmt. Global eskalieren Gewalt und Kriege. Knapp die Hälfte der Menschheit lebt in Armut, auf der Flucht, in Hunger, im Trauma – über Generationen hinweg.

Unsere wechselseitige Abhängigkeit ist etwas, das wir uns immer wieder bewusst machen müssen. Die Frage ist, ob das nur auf dem Bildschirm passiert oder ob es sich im Zusammenleben, im Alltag konkretisiert. Da gilt es, Visionen zu entwickeln, wie Solidarität möglich ist. Wir sind es uns und der Welt schuldig, unsere Privilegien bewusst und zum Wohle anderer zu nutzen.

EINE WESENTLICHE FRAGE

DAS ÄLTERWERDEN IN DER HEUTIGEN FORM ist eine neue Erfahrung, die noch keine Generation zuvor gemacht hat. Neue Erfahrungen brauchen eine neue Sprache, neue Metaphern, neue Bilder. Wie ich leben und sterben möchte oder ob ich 100 Jahre alt werden will – das sind neue Fragen.

Gutes Beenden ist ein Leben lang eine Herausforderung. Wenn wir älter werden, brauchen wir eine ständig neue Auseinandersetzung mit einem Beenden, das alle Lebensbereiche zunehmend erfasst. Noch in der letzten Generation hatten Altwerden und Sterben einen schicksalhaften Zug. Das hat sich verändert. Wir versuchen diese Themen breit zu reflektieren, zu diskutieren, zu befragen und zu gestalten. Wenn wir Alter und Tod grundsätzlich akzeptieren, wird jedes Gespräch darüber wesentlich.

A

Mit dem A fängt alles an. Alfa.
Und noch nicht Omega.
A wie altern, älter werden
A wie Alter.
Angekommen
Ah!
Angenommen – von uns selbst
aufgenommen
von unseren Mitmenschen
anerkannt – von uns selbst
von den anderen
aufmerksam
achtsam, auf jeden Atemzug
auf jeden Schritt
auf jedes Wort und jede Geste
ausdauernd – denn das Älterwerden
verlangt uns viel Geduld ab
Ausdauer
Was ist denn Alterskultur heute?
In Freiheit über sich selbst verfügen können.
Ah!
A kann nämlich auch anders
absurd, abartig, anämisch, abfällig, abbauen, abblasen

abbröckeln, abflachen, abhauen, aufhören
wir setzen dieser Liste ein anständiges Ende und
blasen sie fort wie eine Feder

Anstand allein hilft nicht im Alter
Achtsamkeit ermöglicht die Würde
nach der wir uns sehnen
alt und würdig
Dankbarkeit
Strahlen von innen heraus
Das ist der Wechsel anders als früher
Damals kam vieles von außen nach innen
nun geht der Weg von innen nach außen
innen ist alles möglich
wenn die äußeren Kräfte nachlassen

Atmen
In der Liebe sein
Atmen
In der Liebe sein
atmen
genießen
weitergehen
A! Alfa
und Omega

DENKRÄUME –
INDIVIDUELL UND GESELLSCHAFTLICH

DIE ERWÄHNTEN GESELLSCHAFTLICHEN AUF- UND UMBRÜCHE in den 60er- und 70er-Jahren machten es für eine breite Schicht der Bevölkerung möglich, über sich selbst nachzudenken, offen zu protestieren, sich eigene Wünsche einzugestehen, aufzubrechen und das Eigene zu suchen. Künstler und manche Wissenschafter hatten das schon immer gemacht, aber nun wurde es zu einer Volksbewegung.

Das greift auch auf den Dialog zwischen den Generationen über. Es hat mit der Reflexion zu tun. Man und frau kann das Leben anders wahrnehmen und gestalten als die bisherigen Generationen. Es gibt Spiel-Raum. Es gibt Denk-Raum.

Erfolgreiches Altern ist möglich wie nie zuvor: durch die Pflege von Lebensqualität und Gesundheit, lebenslanges Lernen, selbst- und mitverantwortliches Leben. Produktives Altern: durch Ausdehnung der Lebensarbeitszeit und Neuaufwertung der Freiwilligenarbeit. Selbstgestaltetes Altern: durch lebenslange Entwicklung, Selbstverwirklichung und aktive, bewusste Gestaltung. Solidarisches Altern: durch soziale Gerechtigkeit, eine Generationensolidarität zwischen Alt und Jung und die Verstärkung generationsübergreifender Beziehungen, in denen jede Generation Autonomie und Solidarität wahren kann. Das sind neue Begriffe, neue Denkweisen, neue Möglichkeiten.

SCHATTENSEITEN

ABER ES GIBT AUCH IMMER NOCH die Schattenseiten des Alters. Es gibt weiterhin das abhängige Alter, es gibt Krankheit, Einsamkeit, Armut, Unglück, Schmerzen, ja Verzweiflung. Das werden wir – aller Reflexion und Solidarität zum Trotz – wohl nie für alle Menschen überwinden und zum Guten verwandeln können. Wie sagte doch Bertolt Brecht in der Dreigroschenoper: »Denn die einen sind im Dunkeln, und die andern sind im Licht. Und man siehet die im Lichte, die im Dunkeln sieht man nicht.«

Die im Schatten dürfen wir nicht vergessen. Sie brauchen eine solidarische Haltung und konkrete Unterstützung.

Anders älter zu werden bedeutet auch, jenen Menschen im Alters-Schatten *anders* zu begegnen als in früheren Generationen. Dabei gilt es zu bedenken, dass Menschen früher mit weniger Bedürfnissen und Wünschen alt wurden als heute. Die Ansprüche sind in jeder Beziehung stark angestiegen. Heute ist (fast) nichts mehr selbstverständlich. Nichts wird mehr einfach so hingenommen. Auch nicht der eigene Tod. Immer mehr Menschen wollen selbst bestimmen, wie sie sterben. Ist dieser Wunsch eine mögliche Schattenseite der vermehrten Reflexion, des gewachsenen Bewusstseins – oder ist er eine natürliche Folge davon, und vielleicht eine neue Freiheit?

DAS PARADOX DER ALTERSZUFRIEDENHEIT, ODER: WENN MAN NICHT MEHR MUSS

ALTERN IST KEIN ABSOLUTER PROZESS. Altern geschieht in mehreren Dimensionen mit unterschiedlichen Verläufen: körperlich, emotional (psychisch), geistig, spirituell. Nicht alle Dimensionen wirken gleichzeitig. Meist beginnt es mit dem Körper und dem Gedächtnis. Wenn der Körper sichtbar und spürbar zu altern beginnt, sind die seelischen, geistigen und spirituellen Fähigkeiten meist noch intakt.

In den letzten Jahren wurde in mehreren Studien nachgewiesen, dass es ein Paradox der Lebenszufriedenheit im Alter gibt.[2] Obwohl sich die Lebensbedingungen im Alter teilweise deutlich verschlechtern und man gesundheitliche, funktionale und soziale Verluste und Einschränkungen erfährt, schätzen alte Menschen (70–100) ihre Lebenszufriedenheit mindestens so hoch ein wie in früheren Jahren. Ältere Menschen fühlen sich gut bis sehr gut.

Durch psychische Anpassungsprozesse können körperliche und soziale Verluste zu einem guten Teil kompensiert werden. Viele Leistungserwartungen, Ansprüche und Verpflichtungen fallen im Alter weg. Man muss und soll nicht mehr, sondern man darf oder will. Dadurch entsteht ein Gefühl von Leichtigkeit, von Freiheit, von Gelassenheit. Es ist das implizite Wissen darum, dass es ein »Mehr desselben« nicht gibt. Vielmehr gibt es ein »Anders als bisher«. Anders als bisher sind die Gefühle von Dankbarkeit, mehr Geduld, Humor und Staunen darüber, was jeder Tag im Älterwerden mit sich bringt. Es ist ein Geschenk des Lebens, sich im Älter- und Altwerden in einem guten Sinn an die vielfältigen Veränderungen und Abbauprozesse anzupassen.

Alles verändert sich im Alter, aber in Phasen verschoben. Die ganze Persönlichkeit ist im Gegensatz zu früher dynamisch und aktiv, solange ein Mensch lebt. Die Gestaltung dieser Persönlichkeit lebt von den Wünschen und Zielen, die wir haben. Dabei müssen alternde Menschen mit dem Paradox auskommen, dass der Genuss von Freiheiten und Leichtigkeit mit einem steigenden Bedürfnis nach Stabilität einhergeht.

NEUE AKTIVITÄTEN

WENN MAN NICHT MEHR MUSS UND SOLL, dann darf man familiäre und freundschaftliche Beziehungen pflegen, Gleichgesinnte suchen, großelterliche Aufgaben freiwillig übernehmen, etwas Neues lernen (eine Sprache, eine Sportart) oder ein Talent entwickeln, das bisher im Schatten lag (das Musizieren, das Malen).

Es gibt noch andere Möglichkeiten, den Ruhestand für neue Formen der Aktivität zu nutzen, um sich nützlich zu machen und würdig zu erweisen. Das können Beteiligungen im generationsübergreifenden Austausch sein, die von der Familie über die Nachbarschaft und Freundschaften bis in Institutionen hinein reichen, die sich dem Ziel der Solidarität zwischen den Generationen widmen und junge und alte Alte aktiv mit einbeziehen. Ihre Lebenserfahrung, Berufserfahrung und Altersklugheit sind gefragt.

Wenn man und frau nicht mehr muss: dann *ist* man einfach. Dann stellt sich eine heitere Gelassenheit ein. Es ist so. Aha, ich werde älter und alt. Wie spannend! Wo nähre ich mich geistig und seelisch? Wie gelange ich in schwierigen Lebenssituationen durch einen Quantensprung, einen Wechsel der Ebene, zu neuen Einsichten?

EINFACH SEIN

AN DIESER STELLE LADE ICH SIE EIN, sich in die innere Stille und Kraft von Haikus zu vertiefen. Haikus, japanische Verse mit drei Zeilen zu urspünglich 5, 7 und 5 Silben, finden heute in allen möglichen Varianten große Beachtung. Sie schlagen den Bogen von der Natur und dem Wesen der Dinge zur menschlichen Seele, künden von Tiefe und Stille, die möglich werden, wenn man nicht(s) mehr muss, sondern einfach *ist*.

junge Eidechsen fliehen
auf den trockenen Mauern
die alte Schildkröte gähnt

ooo

in den Felsfalten
erkennt sich die alte Haut
heftiger Wind weht

ooo

ein Vogelschwarm
kalligrafiert den Abschied
der Weinberg wird leer

ooo

gereifte Kakis
im verlassenen Garten
Winterlaternen

ooo

auch der Kamm wird alt
morgens verliert er zwei Zähne
Haarspalterei[3]

Wehmut und Witz, jung und alt. Und was könnte uns näher kommen, wenn wir nicht mehr müssen – als Sehnsucht oder Wirklichkeit – als Angelus Silesius' Zeilen:

Die Rose ist ohne Warum.
Sie blühet, weil sie blühet.
Sie achtet nicht ihrer selbst,
fragt nicht,
ob man sie siehet.

Du bist keine Rose. Ich bin keine Rose. Wir haben unsere »Warums«, wir achten unserer selbst und werden auch gerne gesehen. Wir leben im Feld von Liebe, Hass und Solidarität. Wir sind unser Selbst. Wir brauchen ein starkes Ich, um in der heutigen Gesellschaft zu überleben.

Aber es gibt geschützte Räume, Oasen, Inseln, wo wir unser Selbst überwinden, gar momentweise auflösen können. Das ist dann der Fall, wenn uns ein Haiku im Innersten erreicht, wenn wir uns von Musik bezaubern und wenn wir uns von Silesius' Rose und von den Lilien auf dem Feld berühren lassen. Einfach sein. Nichts müssen. Innerlich abheben. Die nächste not-wendige Mühe kommt bestimmt, vor allem auch im Alter.

Der irische Dichter W. B. Yeats hat es auf seine Weise formuliert:

Ein betagter Mann ist ein klägliches Etwas,
ein zerfetzter Mantel auf einem Stock, es sei denn,
die Seele klatsche in die Hände
und singe und singe lauter,
jedem Fetzen in ihrem sterblichen Gewand
zum Trotz.[4]

KAPITEL 02 | EINE NEUE BEZIEHUNG ZWISCHEN DEN GENERATIONEN

GENERATIONENSEGEN – GENERATIONENKONFLIKTE

NOCH NIE LEBTEN VIER GENERATIONEN gleichzeitig in der Gesellschaft. Das ist der Langlebigkeit heutiger Menschen zu verdanken. Daraus können sich neue Lebensformen entwickeln, die es in der Weise noch nicht gab. Solidarität zwischen den Generationen wird zum Thema, und sie will gestaltet werden – beispielsweise dadurch, dass wir Großmutter/Großvater sind für die Enkel, durch den generationenübergreifenden Dialog und Generationenverträge.

Großeltern müssen übrigens nicht zwingend leibliche Kinder und Enkel haben. Es gibt auch nichtleibliche Großeltern, ich nenne sie soziale Großeltern: in Nachbarschaften, in Schulen, in Familien. Jeder ältere Mensch soll den Wunsch haben dürfen, großelterlich zu wirken und dafür einen entsprechenden Platz zu finden.

Generationenübergreifende Dienste aller Art wollen definiert werden. Das kann nicht genug betont und wiederholt werden. Welche Möglichkeiten, Rechte und Verpflichtungen haben Großeltern? Wer kümmert sich um Pflegebedürftige? Wie wird die Würde der zu pflegenden Person gewahrt? Wer ist in komplexen, leiblich-sozialen Fortsetzungs- oder Patchworkfamilien für wen verantwortlich? Es ergeben sich viele, viele Fragen.

AUSHANDELN MIT RESPEKT

HEUTE BESTIMMEN ZUNEHMEND SYMPATHIE und Freundschaft diese Entscheidungen. Verantwortlich sind nicht mehr automatisch die (weiblichen) Angehörigen. Früher wurde das kaum infrage gestellt. Es galt die familiäre Verpflichtung – auf Gedeih und Verderb. Das war man sich schuldig, selbst wenn die Beziehungen konfliktreich waren.

Heute werden Lanzen gebrochen für das Wählen und das Aushandeln: im Austausch, im Teilen, in der Solidari-

tät, im Wohnen. Bedingung dafür ist der Respekt vor
Differenzen und Eigenheiten, in und zwischen den Gene-
rationengruppen.

Zur Innovation gehört auch, dass es »die Alte« und
»den Alten« nicht mehr gibt. Die Altersverläufe sind viel-
fältig geworden. Außerdem gilt es, die soziokulturellen
und geografischen Bedürfnisse und Kontexte zu berücksichtigen (soziale Schichten, Stadt und Land), ebenso die
Bedürfnisse nach Autonomie sowie nach Dienstleistungen.

NEUE WOHNFORMEN ENTSTEHEN

BEIM WOHNEN ERGEBEN SICH interessante Tendenzen. Es
gibt weiterhin jene Modelle, bei denen die Alten weitgehend unter sich sind: in der eigenen Wohnung, in einer
Alterswohnung oder -siedlung mit oder ohne professio-
nelle Serviceleistungen, in einer Alterswohngemeinschaft
oder einem Altersheim/einer Altersresidenz.

Gleichzeitig entstehen aber auch neue Lebensformen,
wie es sie noch nie gab. Mehrgenerationenhäuser und
-viertel setzen auf die Durchmischung der Generationen
und ein zu regelndes, verbindliches Zusammenleben von
Jung und Alt. Dabei ist zu berücksichtigen, dass die verschiedenen Generationen in unterschiedlichen Lebensphasen und -entwürfen leben. Deshalb ist das Verhandeln

LEY | ANDERS ÄLTER WERDEN 53

und Aushandeln so wichtig – immer unter dem Motto: Differenzen respektieren.

Das Zusammenwohnen in mehreren (meist drei, jetzt auch vier) Generationen setzt eine Neugier füreinander voraus, eine gute soziale Kompetenz, Konfliktfähigkeit und Toleranz. Die guten Lösungen kommen nicht von selbst. Noch nie gab es so viele betagte Menschen. Noch nie gab es so viele Kleinhaushalte. Noch nie gab es so viel geografische und berufliche Mobilität.

Wir müssen Neues denken, neue Ideen haben – in einer Situation, die für alle neu ist. Wir sprechen von einem Ruhestand, der bis zu 30 Jahre dauern kann. Heute gibt es gute und brauchbare Literatur zum Wohnen im Verlauf des Älterwerdens, zu mehrgenerationellen Lösungen. Ich will dieses Thema hier nicht näher ausführen, aber entsprechende Informationen sind leicht verfügbar und werden ständig aktualisiert.[5]

GROSSELTERN
ZWISCHEN AUTONOMIE UND SOLIDARITÄT

LEIBLICHE ODER SOZIALE (also nicht verwandte) Großeltern beziehungsweise Großmutter oder Großvater zu sein erscheint heute als eine naheliegende Form der gelebten Solidarität und der eingeforderten Autonomie zwischen drei Generationen.

Deshalb räume ich diesem Thema hier viel Platz ein. Natürlich gab es immer schon Großeltern. Sie waren aber ab 60 Jahren meist sehr abgearbeitet, alt. Gerade auf dem Land wohnten sie oft in ihrem Häuschen neben dem Bauernhof der jungen Familie. Sich bewusst mit den Kindern zu beschäftigen war damals noch kein Thema. Die Großeltern waren einfach da. Das Hüten der Enkel durch die Großeltern, wie wir es als deren Kinder heute erleben, ist etwas Neues.

DIE ENKEL HÜTEN –
EINE BEWUSSTE ENTSCHEIDUNG

ENKEL ZU HÜTEN ist generationenübergreifende Solidarität. Das hat nicht nur mit den gesund und kräftig gebliebenen Großeltern zu tun, sondern wesentlich auch damit, dass heute Kinder eine bessere, dialogfähigere und vor allem freiwilligere Beziehung zu ihren Eltern haben, als es bei den Alt-68ern und ihren Eltern der Fall war. Nicht mehr

Pflicht und Erwartungen dominieren, sondern eine Haltung von Neugier, von Freiwilligkeit und Freude.

Doch haben Großeltern, die noch berufstätig sind oder aus einem anderen Grund ihre Enkel nicht hüten, manchmal auch ein schlechtes Gewissen. Meist sind es nicht die Kinder, die es auslösen, sondern die Großeltern selbst oder ihr Umfeld, die Gesellschaft. Und doch gehört zur Modernität und Erhaltung der Autonomie auch, dass Großmütter/-väter/-eltern Nein sagen dürfen zum Hüten, dass sie nicht auf Abruf bereit sein müssen. Es gibt verschiedene Möglichkeiten, wie Großeltern mit Kindern und Enkeln solidarisch sein können. Das Hüten ist nur eine davon.

Generell bringt der Austausch zwischen den Generationen auch innerhalb der Generationen neue Einsichten und dadurch Veränderungen in den Beziehungen: wie sich ein Elternpaar, ein Großelternpaar in der zweiten Betreuungsrunde erlebt; wie geschiedene Großeltern Enkel hüten oder nicht; wie die Enkel sich untereinander verständigen, wie es mit den Eltern und wie es mit den Großeltern ist.

WAS GROSSELTERN BERICHTEN

GEMEINSAM LANGE LEBEN: Das ist eine Tatsache und es besteht der Wunsch, dies möglichst befriedigend zu tun. Solidarität wird von einem alten zu einem neuen Thema. Es gab schon immer die Verantwortlichkeit und die gegenseitige Abhängigkeit in sozialen Gruppen. Solidarität ist an sich nichts Neues. Doch sie will bewusster gewählt und gestaltet werden. Im privaten und politischen Bereich. Sie erfordert kommunikative Kompetenzen und den Dialog.

Auf den folgenden Seiten wollen wir Großmütter, -väter und -eltern betrachten, und zwar auf eine besondere Art und Weise, was den Dialog zwischen den Generationen betrifft. Großeltern erörtern Probleme und stellen Fragen, und eine Psychoanalytikerin gibt Hinweise, Entlastungen, Ermutigungen.[6]

Gab es das je zuvor, dass auf diese Art zwischen den Generationen miteinander geredet wurde?

VERTRAUENSFRAGE

FRAGE EINES 64-JÄHRIGEN GROSSVATERS: *Ich hüte regelmäßig meine 8-jährige Enkelin. Die Kleine hat es leider nicht immer leicht mit ihren Eltern und leidet darunter, dass sie immer wieder geohrfeigt wird. Wir, Großvater und Enkelin, können darüber reden, und sie sagt mir* *immer wieder, wie gerne sie mit mir zusammen sei und wie sehr sie mir vertraue.*

Kürzlich ist das Unfassbare geschehen. Sie hat mich dermaßen mit bösen Worten beschimpft (dumme Sau etc.), dass ich ihr eine Ohrfeige gab. Die Enkelin schaute mich an und sagte: »Nun hast du mich also auch geschlagen.« Ich bin seither untröstlich, selbst wenn die Enkelin weiterhin zu mir kommt.

ANTWORT DER FACHFRAU: Da ist Ihnen etwas passiert, das Sie von sich nie erwartet hätten. Sie verstehen es selbst nicht und sind, verständlicherweise, untröstlich. Wenn wir im Leben etwas nicht rückgängig machen können, müssen wir uns ernsthaft damit auseinandersetzen. Das heißt, zuerst Sie mit sich selbst und dann im Gespräch mit Ihrer Enkelin. Sie müssen sich mit der Tatsache anfreunden, dass Sie dazu fähig sind auszurasten.

Vielleicht ist das früher mit Ihren Kindern auch ab und zu geschehen, selbst wenn Sie sich nicht daran erinnern. Gleichzeitig sollten Sie innerliche Vorkehrungen treffen, damit Sie nicht mehr schlagen müssen, auch in der Not nicht. Ihre Enkelin wird Ihren inneren Kampf verstehen, nehme ich an. Sie wird schmerzhaft lernen, dass sie niemandem, nicht einmal ihrem Großvater, voll und ganz vertrauen kann. Aber sie kann berechtigt hoffen, dass

Sie im Gespräch und im Verzeihen wieder einen vertrauensvollen Zugang zueinander finden werden.

Vielleicht kann Ihre Enkelin irgendwann begreifen, weshalb sie Sie so provozieren musste. Da gibt es für Sie und Ihre Enkelin einiges zu verstehen, was Ihnen beiden nicht täglich geschieht, keine Gewohnheit ist und doch eben passieren kann. In einem Notfall, der als Notfall verstanden werden will. Und der eine absolute Ausnahme sein soll.

Wenn Sie beide, Großvater und Enkelin, das im gemeinsamen Gespräch verstehen lernen, dann haben Sie viel miteinander erreicht. Vielleicht braucht es ein bisschen Geduld, bis die Zeit reif ist für diese Gespräche.

SEHNSUCHT NACH DEN ENKELINNEN

EIN GROSSELTERNPAAR ANFANG 60 ERZÄHLT: *Vor zwei Jahren wurden unser Sohn und seine Frau geschieden. Unsere ehemalige Schwiegertocher hat das Sorgerecht erhalten, aber unser Sohn hat Besuchsrecht.*

Der Kontakt zu unseren Enkelinnen (fünf und sechs Jahre alt) ist fast ganz abgebrochen. Bisher haben wir nicht gewagt, als Bittsteller aufzutreten. Wir haben auch früher nicht regelmäßig die Kinder gehütet, weil wir beide noch berufstätig sind. Doch es tut weh, dass wir unsere Enkelinnen aus den Augen verloren haben.

*Natürlich könnten wir ein Besuchsrecht einfordern,
aber vor allem geht es uns um den Umgang mit unserer
Sehnsucht, dem Schmerz und der Frage, wie es weitergehen soll.*

ANTWORT DER FACHFRAU: Ihre Sehnsucht und Ihr Schmerz
sind sehr verständlich. Das Elternpaar hat entschieden,
und die gemeinsamen Töchter – Ihre Enkelinnen – müssen damit zurechtkommen. Und Sie als Großeltern eben
auch. Das ist hart, weil es von außen vorgegeben wird. Seit
zwei Jahren tragen Sie die Sehnsucht und den Schmerz mit
sich herum – und die Kinder werden größer.

Welche Beziehung haben Sie zu Ihrem Sohn und er
zu Ihnen? Vielleicht gibt es ja eine Möglichkeit, ihm von
Ihrem großelterlichen Schmerz zu erzählen oder zu
schreiben. Ohne Druck, ohne Erwartungen, einfach als
Mit-teilung – um den Kummer miteinander zu teilen.
Und allenfalls, um einen gemeinsamen Weg zu suchen,
wie es wieder mehr Nähe geben könnte.

Es scheint eine sensible Situation zu sein. Ihr Ziel ist
die Wiederannäherung an die Enkelinnen – und vielleicht
auch an deren Mutter und Ihren Sohn, wahrscheinlich
jeweils getrennt voneinander. Sie wollen keine Bittsteller
sein. Das ist gut so. Jedoch denke ich, dass »Zeichen
geben« kein Betteln ist. Vielleicht werden Ihnen Ihre

Enkelinnen später dankbar sein, dass Sie reagiert haben, damit sie wissen, dass ihre Großeltern sie lieben. Wissen Ihre Enkelinnen das überhaupt?

Sie fragen, wie es weitergehen soll. Die Zukunft entsteht aus der Gegenwart. Werden Sie sorgsam und umsichtig aktiv. Zwei Jahre Zurückhaltung sind genug. Jetzt sollten Sie das vor Ihnen liegende Feld und die Möglichkeiten erkunden, und zwar in innerlicher Verbundenheit mit dieser Familie, ohne Erwartungen. Es gilt, achtsam einiges auszuprobieren.

GUTES RECHT ODER WIDERSTAND?

EINE 59-JÄHRIGE GROSSMUTTER ERZÄHLT: *Ich habe keine Lust, eine aktive Großmutter zu sein, das heißt Kinder zu hüten. Und ich liebe meine vier kleinen Enkel über alles.*

Ich habe meine Töchter allein erzogen. Mein Mann hat mich früh verlassen. Es war trotzdem eine schöne Familienzeit. Nun arbeite ich und liebe meinen Beruf. Heutzutage, mit diesem Großeltern-Hype, erhoffen sich auch meine Töchter eine aktive großmütterliche Beteiligung. Ihr Drängen irritiert mich immer wieder.

ANTWORT DER FACHFRAU: Den Stachel im Fleisch, die Irritation, gilt es in dieser Situation auszuhalten. Sie haben das

Recht, für Ihre Wünsche einzustehen, ganz klar. Sie haben viel geleistet und sind glücklich im Beruf. Der Stachel soll nicht schmerzen. Sie sind noch jung und haben noch einige Berufsjahre vor sich. Sie waren alleinerziehende Mutter. Ihr Anliegen ist berechtigt. Und Ihre Enkel haben wahrscheinlich noch andere Großeltern. Und wer weiß, vielleicht haben Sie nach Ihrer Pensionierung Lust, eine etwas aktivere Großmutter zu sein. Vielleicht aber auch nicht.

Es gibt unterschiedliche und vielfältige Arten, Großmutter oder -vater zu sein. Das Hüten der Enkel ist die eine Variante, die Sie als »Hype« bezeichnen. Es gibt andere Möglichkeiten für Sie, Großmutter zu sein und Ihren Enkeln Ihre Liebe zu zeigen. Denn das möchten Sie doch: Ihre Liebe zeigen und die Enkel aufwachsen sehen.

Vielleicht haben wir noch zu wenig darüber nachgedacht, welche Alternativen es zum Hüten gibt. Es gibt sie. Es gibt Besuche, Einladungen, Telefonate, einmalige Exkursionen, Geschenke. Mit zunehmendem Alter der Enkel gibt es mehr Möglichkeiten. Und die Enkel werden selbst ihre Wünsche äußern. Doch das setzt eine Beziehung voraus. Lassen Sie sich jetzt von Ihrer Liebe und Ihren Neigungen leiten und geben Sie dem Ganzen eine persönliche Form. Es gibt immer noch andere Möglichkeiten. Eine suchende Haltung unterstützt Sie dabei.

DER GROSSELTERN-HYPE

EIN GROSSVATER, 66, KOMMENTIERT DANACH: *Eine Groß-mutter, die bei aller Liebe zu ihren Enkeln diese nicht hüten möchte, hat mir mit dem Begriff »Großeltern-Hype« einen Floh ins Ohr gesetzt. Ich gestehe: Ich bin als leiden-schaftlicher Großvater dabei beim Hüte-Hype. Gleichzeitig staune ich auch darüber. Was ist denn da geschehen in unserer Gesellschaft, dass dieser Hype entstehen konnte?*

ANTWORT DER FACHFRAU: Tatsächlich ist seit einiger Zeit ein gesellschaftlicher Wandel im Gange. Die Lebenserwartung ist gestiegen, und auch der Gesundheitszustand heutiger Senioren hat sich enorm verbessert. Heute sind die Groß-eltern sehr oft fit, unternehmungslustig und häufig ver-rückt nach ihren Enkeln! Außerdem ist die gemeinsame Lebenszeit mit den Enkeln gestiegen. Wir leben heute in einer Vier-Generationen-Gesellschaft. Das ist neu. Und es hat dazu geführt, dass fast jedes zweite Kind in unserem Land von seinen Großeltern betreut wird.

Es gibt auch außerfamiliäre, also die erwähnten sozia-len Großeltern – auch sie gehören zum Hype. In Kinder-gärten und Schulen in der Schweiz gibt es das win3-Modell. Seniorinnen und Senioren unterstützen ein bis zwei halbe Tage pro Woche Lehrerinnen und Lehrer. Davon profitieren alle drei Generationen: die Kinder, die

Lehrerinnen und die Senioren. Wie gut, dass wir keine leiblichen Enkel brauchen, um Großeltern zu sein!

Heutzutage wendet sich die Großelterngeneration am liebsten dem Lebendigen zu. Und was gibt es Lebendigeres als Enkel? Sie sind Balsam für Herz und Seele, lustig, lustvoll und körperlich-geistig herausfordernd. So bleibt man fit. Und die heutigen Großeltern sind die sogenannten Babyboomer und Alt-68er – also die Generation, die viel Politik gemacht und das traditionelle Familienmodell weitgehend verlassen hat. Mütter waren berufstätig, und die Doppelbelastung war eine Realität, vor allem für die Frauen.

Als Großeltern haben wir eine solche Belastung nicht mehr. Zudem fühlen sich hütende Großeltern gebraucht, sie erhalten Anerkennung, die spiegelt sich in den leuchtenden Augen ihrer Enkel. Ist es da ein Wunder, dass Großeltern ganz im Trend sind?

ANGST VOR DER EIGENEN TOCHTER

EIN GROSSELTERNPAAR UM DIE 70 ERZÄHLT: *Wir zwei hüten seit einem Jahr unsere beiden kleinen Enkel, drei und vier Jahre alt. Es plagt uns immer wieder, dass unsere Tochter ihre präzisen Vorstellungen, wie wir hüten sollen, bei uns einfordert und uns auch Süßigkeiten, Schwimmbad, Fernsehen, Grillen und so weiter verbietet.*

*Haben wir uns das Großelternsein zu idyllisch vor-
gestellt? Zu selbstverständlich, zu anerkannt in fragloser
Gewissheit, zu eigenständig? Bei uns darf es doch anders
sein als bei den Eltern. Wir haben mehr und mehr Angst
vor unserer Tochter.*

ANTWORT DER FACHFRAU: Die kleinen Enkel sind ungestüm,
triebhaft, unvorsichtig, unvernünftig. Das alles macht den
Reiz des Kindlichen aus. Aber die Angst, »schlechte
Eltern« zu sein, war vermutlich noch nie so groß wie
heute. Großeltern sind da unbelasteter. Sie haben keinen
Erziehungsdruck mehr.

Es gibt unbeschwerte Eltern, die die Großeltern so
hüten lassen, wie diese es wollen. Und es gibt solche, die
klare Vorgaben machen, weil sie befürchten, dass ihr Kind
sonst zu wenig Konsequenz und Kontinuität erlebt.

Kürzlich hat mich eine Großmutter, die ich nicht
kannte, im Gespräch am Sandkasten gefragt: Hüten Sie auch
nach Vorgabe? Ich habe gelacht und gesagt, ja natürlich.

Sie sprechen von der Angst vor Ihrer Tochter beziehungsweise ihren Vorstellungen und Verboten. Das ist ein
starkes und quälendes Gefühl. Vielleicht hat das bei Ihnen
auch Scham zur Folge, dass Sie es Ihrer Tochter nicht recht
machen können. Es wäre gut, wenn Sie Ihrer Tochter diese
Angst mitteilen könnten. Nicht vorwurfsvoll, einfach als

wichtige Mitteilung. Und machen Sie sich bitte auf alle Arten von Reaktion gefasst. Mütter sind empfindlich, und das ist gut so.

Ich denke, dass die groben Richtlinien, die Ihre Tochter als Mutter vorgibt, ihre Berechtigung haben. Fixieren Sie sich nicht auf die Verbote. Es gibt so viele Freiräume im Laufe eines Tages. Seien Sie erfinderisch. Sie können als Großeltern eine neue Freiheit erleben, wenn auch innerhalb eines gewissen Rahmens, das gebe ich zu. Aber wir haben in unserem langen Leben doch gelernt, uns in einem bestimmten Rahmen (Beruf, Wohnen etc.) Lust und Freiheiten zu verschaffen.

ÜBERRUMPELT

EINE 59-JÄHRIGE GROSSMUTTER ERZÄHLT: *Unsere Tochter ist schwanger und berufstätig. Nun haben die Tochter und ihr Mann mir unvermittelt und ohne mich zu fragen vorgeschlagen, das Kindchen mit der Mutter des Mannes, die ich kaum kenne, ein bis zwei Tage zusammen zu hüten. Die andere Großmutter sei schon älter und traue es sich allein nicht zu. Es sei doch schön, meint unsere Tochter, diese Kontakte zu pflegen; das komme mir sicher entgegen. Ich fühle mich da in mehrfacher Hinsicht überrumpelt. Ich weiß auch gar nicht, ob ich das will.*

ANTWORT DER FACHFRAU: Das ist gut nachvollziehbar. Da wünscht frau sich doch eine Tochter, die fragt, was ihre Mutter für eine Großmutter sein möchte. So kann man es nämlich auch machen.

Also Großmütter, -väter und -eltern, überlegt euch während der Schwangerschaften eurer Kinder, was für Großeltern ihr werden möchtet. Eure Wünsche sollen gelten. Lasst euch nicht unvorbereitet überrumpeln.

Die Verkopplung der beiden Großmütter inklusive Hütevorschlag ist etwas Spezielles, das man originell oder befremdlich finden kann. Vor allem müssten solche Ideen in Gesprächen mit allen Beteiligten erarbeitet werden. Sonst kommen sie wie Befehle daher.

Liebe Großmutter, bitten Sie um ein Gespräch zu viert, die beiden Großmütter und die Eltern, vielleicht bei einem schönen Essen, und spüren Sie bei diesem Treffen Ihren Gefühlen nach. Dann kann im besten Fall der befremdliche Vorschlag zu einem originellen werden. Und sonst werden sich andere Lösungen finden lassen.

Dazu einige allgemeine Bemerkungen: Neben den begeisterten Großeltern gibt es zunehmend solche, die sich von ihren Kindern zum Hüten gedrängt fühlen. Sie tun es zwar gerne, möchten aber gleichzeitig freier sein. Diese Thematik der Ambivalenz und Überforderung gehört auf den Tisch, und zwar mit allen Betroffenen – die

Kinder ausgenommen. Wir sind in einer Generation aufgewachsen, in der die Großeltern alt waren und selten hüteten. Das hat sich geändert. Deshalb sind auch manche Jungen fordernder geworden. Vielleicht haben sie auch einfach eher das Bedürfnis, dass die Großeltern anpacken. Ich möchte allen Großeltern den Rücken stärken, die es nach reiflicher Überlegung wagen, Nein zu sagen. Das verdient einen ebensolchen Respekt wie ein Ja. Die Solidarität der Großeltern zu ihren Kindern und ihren Enkeln kann auf vielfältige Arten gezeigt und gelebt werden.

VOLLWERTIGER GROSSVATER

EIN 70-JÄHRIGER GROSSVATER ERZÄHLT: *Ich komme einfach nicht so richtig zum Zug beim Hüten unserer Enkel. Meine Frau ist immer die Schnellere und Liebere bei den Enkeln. Sie plant umsichtig und autonom. Sie versichert mir immer wieder, wie toll und schön sie es findet, dass wir als Großeltern gemeinsam die Kinder hüten. Aber ich fühle mich außen vor, zweite Wahl – zwar nicht überflüssig, aber auch nicht mittendrin. Das möchte ich gerne ändern.*

ANTWORT DER FACHFRAU: Ich vermute, dass sich da ein Muster von früher wiederholt. Ihre Frau war in der Familie wahrscheinlich immer die dominante Person. Sie selbst waren dies wohl außerhalb des Hauses, im Beruf. Nun hat sich die Situation geändert, Sie sind in Pension und damit eine private Person. Und jetzt haben Sie den Wunsch nach einer partnerschaftlichen Großelternschaft mit Ihrer Frau. Das ist gut so.

Was können Sie dazu beitragen, dass es partnerschaftlich wird? Sicher braucht es ein ganz ehrliches Gespräch mit Ihrer Frau und ein herzhaftes Einbringen Ihrer eigenen Wünsche – bei gleichzeitiger Wertschätzung der großmütterlichen Umsicht.

Vielleicht gehen Sie einmal allein mit den Kindern auf den Spielplatz. Vielleicht können Sie eigene Großvater-Angebote machen, Ihren Liebhabereien entsprechend (Fotografieren, Fischen, Botanik oder dergleichen). Oder Sie bieten einen eigenen Großvatertag an. Es gibt da viele Möglichkeiten. Vielleicht begleitet Ihre Frau Sie auch dabei, fantasievolle Ideen zu entwickeln. Oder Sie beraten sich mit Freunden und Kollegen, die auch Großväter sind. Sicher brauchen Sie Geduld, um nach einer (vermutlich) ehe-langen spezifischen Arbeitsteilung eine neue, altersgemäße, partnerschaftliche Rollenverteilung einzuführen. Auf jeden Fall brauchen Sie viel Mut für neue Ideen und auch bei den Gesprächen mit Ihrer Frau.

ÄNGSTLICHE GROSSMUTTER

EINE 62-JÄHRIGE GROSSMUTTER BERICHTET: *Kaum zu glauben, dass ich eine ängstliche, besorgte Großmutter bin, denn ich war eine ziemlich unbekümmerte und meistens sorglose Mutter meiner drei Kinder. Jetzt, da ich meine beiden Enkelinnen und deren Hund hüte, erlebe ich mich vor allem im Vorfeld als äußerst ängstlich. Ich denke: Es muss alles gut gehen. Ich will und muss Enkelinnen und Hund abends heil abliefern. Wenn ich dann die drei zu mir geholt habe, wird es besser. Ich wundere mich, was da manchmal in mich fährt und mich so belastet. Ich möchte mir wieder mehr vertrauen können.*

ANTWORT DER FACHFRAU: Die Verantwortung der Großmutter ist eine andere als die der Mutter – und zwar keine geringere, wenn auch eine eingeschränkte. Großeltern müssen sich um vieles nicht sorgen. Aber es geht dennoch um das Wohl ihrer Kinder und Kindeskinder. Und das Alter kommt dazu, denn dies macht generell ängstlicher, weil die Kräfte nachlassen.

Bei den eigenen Kindern ist man in der Regel jung und frisch und bei Kräften. Und die Gesellschaft hat sich verändert, es gibt mehr Verkehr, mehr Versuchungen und Gefahren als vor 30 oder 40 Jahren. Zugleich wird mit Kinderhelmen und anderen Dingen Sicherheit suggeriert.

Doch die Alten wissen aus Erfahrung, dass mehr vermeintliche Sicherheit eher waghalsiger macht.

Wir Großeltern sind eine andere Generation: eine weiter als die Kinder, zwei weiter als die Enkelkinder. Es lohnt sich, dieses Thema zur Sprache zu bringen und auch zu sagen, was es bedeutet, langsamer, ängstlicher, müder zu werden.

Doch es gibt nicht nur die einschränkenden Faktoren. Großeltern sind sehr oft nicht gehetzt, nicht übermüdet, nicht im Stress. Sie haben Zeit, wenn sie sich diese Zeit für die Enkel nehmen. Das kann eine gelassene, schöne Grundstimmung ergeben. Enkel zu hüten ist kein Leistungssport. Riskante Manöver können Sie unterlassen, denn die Sicherheit der Enkel hat einen großen Stellenwert. Ängstlichkeit ist nicht nur negativ; sie macht vorsichtig, achtsam, und das ist durchaus ratsam beim Hüten der Kleinen. Vielleicht entlastet es Sie, wenn Sie Ihre Ängstlichkeit als guten Freund betrachten.

ES IST LEGITIM, NEIN ZU SAGEN

EINE 66-JÄHRIGE GROSSMUTTER ERZÄHLT: *Ich hüte seit drei Jahren regelmäßig meinen vierjährigen Enkel mit großem Vergnügen. Nun kommt ein jüngeres Geschwisterkind zur Welt und ich spüre, dass es mir zu viel sein wird, beide*

Kinder zu hüten. Ich bin schon jetzt recht erschöpft nach einem Enkeltag und teile diese Erfahrung mit anderen Großmüttern. Ich möchte nicht, dass meine Bedenken als Ablehnung verstanden werden. Meine Tochter reagiert immer etwas pikiert, wenn ich ihr absagen muss.

ANTWORT DER FACHFRAU: Es scheint in der heutigen Generation der jungen, berufstätigen Eltern immer selbstverständlicher zu sein, auf das Engagement der Großeltern zählen zu können – vor allem, wenn diese gesund und bereits pensioniert sind. Heutige Großeltern haben im Gegensatz zu früher eigene Lebensprojekte, gesellschaftliche Verpflichtungen, private Bedürfnisse, Reisepläne, auch wenn sie die Enkel lieben und ihnen das Hüten der Enkel wichtig ist.

Großeltern haben noch aufgeschobene Wünsche, die sie sich erfüllen möchten. Sie werden älter und sind früher erschöpft als die Jungen. Es ist völlig legitim, den eigenen Kindern manchmal Nein zu sagen. Wenn die Jungen hadern, ist die Frage, wer egoistischer ist: die Kinder, die selbstverständlich von ihren Eltern Hütedienste erwarten, oder die Großeltern, die nach einem Leben voller Pflichten ihre Zeit frei gestalten möchten beziehungsweise mehr Zeit und Ruhe für sich brauchen. Bei allen Abmachungen zwischen Eltern und Großeltern ist es wichtig, Absagen nicht persönlich zu nehmen, sondern zu wissen, dass durch den Abstand zwischen den Generationen verschiedene Befindlichkeiten und Lebensentwürfe koordiniert werden wollen. Das hat nichts mit Liebe oder Ablehnung zu tun.

FRIEDLICHE KRIEGSSPIELE?

EIN GROSSELTERNPAAR (59 UND 69 JAHRE ALT) ERZÄHLT: *Wir hüten regelmäßig unsere beiden Enkel, zwölf und neun, bei uns zu Hause. Seit dem letzten Geburtstag des Älteren kommen die beiden mit Spielzeugwaffen zu uns. »Harmloser als ihr Ruf«, will uns unsere Tochter weismachen. Dann wollen sie »töterlen« spielen.*

Wir Großeltern haben damit große Probleme. Nachdem wir anfangs die beiden Waffen morgens wegpackten und abends wieder zurückgaben, erproben wir jetzt anderes. Wir lassen die Buben in unserem Haus und Garten mit den Waffen spielen, aber nicht außerhalb – natürlich, wir Großeltern schämen uns. Nun überlegen wir, ob wir unsere Enkel nur noch ohne Waffen hüten wollen.

ANTWORT DER FACHFRAU: Das sind schwierige Fragen. Zumal in einer Welt, in der die echten Waffen täglich furchtbares Unglück anrichten. Ob Ihre Enkel davon

Kenntnis haben, weiß ich nicht. Ob sie es wissen sollten, ist eine offene Frage. Es existieren offenbar unterschiedliche Wertehaltungen bei Ihnen als Großeltern und bei Ihrer Tochter und vielleicht auch dem Schwiegersohn.

Generell vertrete ich die Ansicht, dass das Erziehungsmonopol bei den Eltern liegt und die Großeltern sich engagieren, aber nicht einmischen sollen. Aber Großeltern dürfen in ihrem Haus und Garten andere Werte leben und andere Regeln aufstellen – ohne die Eltern zu kritisieren oder infrage zu stellen. Es ist doch auch die Chance von Großeltern, andere Werte zu vermitteln als die Eltern. Wichtig ist einfach, dass man sich gegenseitig respektiert.

KÖNNEN VERLETZUNGEN HEILEN?

EINE MUTTER UND NOCH-NICHT-GROSSMUTTER, 55 JAHRE, ERZÄHLT: *Es macht mir große Mühe, wenn mir meine 29-jährige Tochter Vorwürfe macht. Darüber, dass ich mich in der Ehe immer angepasst habe. Darüber, dass ich nie »richtig« berufstätig war, weil ich eben keinen Beruf gelernt habe. Darüber, dass ich ihr einfach als Mutter nicht passe. Nun hat sie mir an den Kopf geworfen, dass sie mir nie, nie eines ihrer Kinder zum Hüten geben werde.*

ANTWORT DER FACHFRAU: Das ist schwer einzustecken für Sie als Mutter, die sich ja sicher jahrzehntelang redlich für Familie, Haushalt und Kinder eingesetzt hat. Sie haben bisher Ihr eigenes Frauenbild gelebt, nehme ich an. Ihre Tochter hat ein anderes Frauenbild. Sie möchte eine emanzipierte Mutter haben, und sie macht Ihnen zum Vorwurf, dass Sie das nicht sind.

Ihre Tochter ist in einer jüngeren Generation groß geworden und in einer Zeit, in der Ausbildung und Beruf für Frauen selbstverständlich sind und somit Doppelrollen in Familie und Beruf und in partnerschaftlichen Beziehungen. Sie hat vor, ihr Leben anders zu gestalten als ihre Mutter. Das ist völlig okay.

Bleibt zu fragen, weshalb sie Ihnen mit 29 Jahren noch Vorwürfe machen muss.

Offenbar spürt sie bei Ihnen eine Angriffsfläche – etwas, das Ihnen vielleicht gar nicht so bewusst ist. Könnte es denn sein, dass Sie gar nicht so zufrieden sind (waren) mit ihrer früheren, eher traditionellen Frauen- und Mutterrolle, die Sie gelebt haben? Dass es da durchaus Wünsche nach Beruf und Partnerschaft gab, Sie aber nicht die Möglichkeiten und den Mut hatten, sie zu leben? Dadurch sind Sie angreifbar geworden für Ihre Tochter.

Sie lebten Ihr bisheriges Leben auf die Weise, die Ihnen richtig erschien. Heute kann es anders aussehen, nehme ich an. Wenn Sie die Verantwortung für Ihr Leben übernehmen und dazu stehen, dass Sie sich verändert haben (und das Ihrer Tochter eines Tages erzählen können), dann sehe ich durchaus Chancen, dass Sie eines Tages Enkel und Enkelinnen hüten werden.

UNERWARTETE KRITIK

EINE 67-JÄHRIGE GROSSMUTTER BERICHTET: *Ich hüte meinen dreijährigen Enkel seit seiner Geburt zwei Tage pro Woche und auch nachts, manchmal auf Nachfrage noch einen Tag mehr. Nun war ich mit Sohn, Schwiegertochter und Enkel eine Woche in den Skiferien (auf deren Wunsch), hütete, kochte, war präsent.*

Meine Schwiegertochter hat angefangen (zu Unrecht, finde ich) zu kritisieren, dass ich mich einmische, dass sie meinetwegen nächtelang nicht schlafen könne, dass sie mich zwar brauche, aber gleichzeitig mit vielem, was ich tue, nicht einverstanden sei. Ich schwieg. Mein Sohn entschuldigte sich bei mir (»Sorry, sie ist so emotional«). Aber für mich ist die Sache nicht erledigt.

ANTWORT DER FACHFRAU: Das ist eine unerfreuliche Situation. Ich begreife, dass Sie zurzeit das offene Gespräch mit Ihrer Schwiegertochter meiden. Irgendwann wird es aber stattfinden müssen, weil die Situation zurzeit ungeklärt und belastend ist. Ihr Sohn hat sich entschuldigt, aber Emotionalität ist keine Erklärung für die Anschuldigungen Ihrer Schwiegertochter.

Ich vermute, dass Ihre Schwiegertochter zwar froh ist über Ihre Dienste, es aber hochambivalent erlebt, dass Sie eine so gute Beziehung zu Ihrem Enkel haben. Mit anderen Worten: Sie ist neidisch auf Ihren Platz der geliebten Großmutter. Vielleicht hat sie auch das Gefühl, sie sei keine gute Mutter. Alle diese Probleme muss Ihre Schwiegertochter selbst lösen.

Ich empfehle, wenn Ihnen das angebracht erscheint, ein bisschen mehr Zurückhaltung: keine gemeinsamen Ferien, keine Debatten über Erziehung, einfach Engagement diskret, ohne Einmischung. Ein Kind lernt ja sehr rasch, welche Werte und Regeln bei den Eltern und bei den Großeltern gelten. Es kann sie auseinanderhalten und akzeptiert sie beide. Möglicherweise sind in diesen gemeinsamen Ferientagen sowohl für das Kind als vor allem auch für die Mutter die beiden unterschiedlichen Welten mit ihren Werten und Regeln durcheinandergeraten.

ROLLENZUSCHIEBUNG

EIN GROSSVATER, 60-JÄHRIG: *Eine familiäre Situation, die ich bereits kenne, hat sich letztes Mal zugespitzt. Ich war bei Sohn und Schwiegertochter, Enkelin und Enkel zum Sonntagsessen eingeladen. Die neunjährige Enkelin machte während des Essens dauernd Grimassen und ihr ein Jahr jüngerer Bruder kicherte lauthals.*

Die Schwiegertochter ermahnte die Kinder: »Wenn ihr jetzt nicht aufhört, wird der Großvater böse.« Da die Kinder nicht zu stoppen waren, legte sie nach: »Was ihr da macht, sieht der Großvater nicht gerne. Ruhe!«

Erstmals entgegnete ich ihr in einer solchen Situation und sagte, dass ich nicht als moralische Instanz, als Buhmann vorgeschoben werden möchte. Meine Schwiegertochter stand wortlos vom Tisch auf. Mein Sohn zuckte mit den Achseln und warf mir einen hilflosen Blick zu. Irgendwie brachten wir alle das Sonntagsessen hinter uns. Mich quälen seither die ungeklärten Rollenbilder von uns allen.

ANTWORT DER FACHFRAU: Nach einer solchen Szene hat niemand mehr Appetit. Offenbar hat es Vorläufer zu diesem Konflikt gegeben. Sie haben lange geschwiegen, und nun haben Sie ausgedrückt, dass Sie nicht als strafende, missbilligende moralische Instanz eingesetzt werden möchten. Es ist gut, dass Sie sich erklärt haben, denn die Rolle, die Ihre Schwiegertochter Ihnen zuschiebt, ist alles andere als attraktiv.

Ihre Schwiegertochter hat auf Ihre Offenheit reagiert. Stammt sie vielleicht aus einer patriarchalischen Kultur, wo es selbstverständlich ist, dass der Großvater die strafende Instanz darstellt? Oder hat sie bei Ihnen Hilfe gesucht, da sie selbst die Kinder nicht zur Ruhe bringen konnte und ihr Mann ihr nicht half?

Jedenfalls ist eine gemeinsame Aussprache mit dem Elternpaar, ohne Kinder, wünschenswert. Thema wären dabei die unterschiedlichen Rollenbilder und die kulturellen und generationenspezifischen Differenzen. Als Großvater würde ich das gemeinsame Interesse, dass es allen gut geht, betonen und wünschen, dass keine Vorwürfe geäußert werden. Toleranz und Solidarität sind angesagt.

DILEMMA

FRAGE EINER 65-JÄHRIGEN GROSSMUTTER: *Meine Tochter, Mitte 30, hat drei Kinder im Alter von einem, vier und fünf Jahren. Die älteren Kinder habe ich in den letzten Jahren immer mal wieder unregelmäßig gehütet. Meine Tochter möchte nun, ein Jahr nach der Geburt des Jüngsten, beruflich durchstarten und Karriere machen, wie ihr*

Mann das seit Jahren tut. Nun bittet sie mich dringlich, für die nächsten Jahre die drei Kinder zu hüten, da ihnen beiden das sonst nicht gelinge.

Ich fühle mich als Großmutter moralisch unter Druck, weil ich die Karrieren beider Eltern von drei so kleinen Wunschkindern nicht befürworten kann. Das ist mein Hauptproblem. Dazu kommt, dass ich (als Witwe) meine beiden Töchter allein aufgezogen habe und in meinem Alter keine Vollzeittätigkeit mehr möchte. Ich weiß auch nicht, ob ich die Kraft dazu hätte. Ich spüre, dass ich meiner Tochter absagen muss. Doch es ist so schwierig, zu den eigenen Kindern Nein zu sagen. Es tut mir auch weh, dass wir so unterschiedliche Wertvorstellungen haben.

ANTWORT DER FACHFRAU: Ja, es ist so, dass man zu den eigenen Kindern schwer Nein sagen kann. Man möchte ja das Beste für sie. Aber was ist das Beste? Diese Frage ist nicht leicht zu beantworten. Zudem ist es wohl nicht außergewöhnlich, dass die unterschiedlichen Generationen unterschiedliche Werte vertreten. Die Normen verändern sich in der heutigen Zeit rasant. Da ist gegenseitige Toleranz gefragt.

Heutige Großeltern gehören mehrheitlich noch zu einer Generation, in der man zu gehorchen hatte, auch wenn man nicht verstand, weshalb. Heute darf und soll man seine eigenen Bedürfnisse äußern und kann Verständnis dafür erwarten. Das steht bei Ihnen jetzt an. Und das dürfen Sie als älter werdende, erfahrene und selbstständige Mutter und Großmutter Ihrer Tochter und deren Mann durchaus zumuten.

Sie haben ein ernsthaftes moralisches Dilemma. Es ist wichtig, dass Ihre Tochter das verstehen kann, auch wenn es wohl mehr mit Ihnen selbst zu tun hat als mit Ihrer Tochter. Da braucht es vielleicht mehrere Anläufe zum wechselseitigen Verständnis.

Abgesehen davon ist anzunehmen, dass die beiden ehrgeizigen Eltern wahrscheinlich genug Einkommen haben, um eine Kinderfrau anstellen zu können oder einen Platz in der Kindertagesstätte zu bezahlen. Und Sie als Großmutter, die viel für ihre Töchter getan hat, werden als »Zugabe« da sein, als Geschenk, an Abenden vielleicht, an Wochenenden, in Notfällen, für spezielle schöne Dinge – das wäre doch ein gutes Angebot.

AUCH DIE JUNGEN HABEN ANLIEGEN

WAS IST DAS RICHTIGE?

EINE 34-JÄHRIGE FRAU MIT ZWEI KLEINEN KINDERN, EIN UND ZWEIEINHALB JAHRE, FRAGT: *Seit der Geburt meines älteren Sohnes bin ich ganztags zu Hause. Immer wieder haben meine Eltern angedeutet, dass sie durchaus bereit wären, nach unseren Kindern zu schauen, am liebsten bei uns in der Wohnung. Das trifft sich mit meinem Wunsch, wieder ein bis zwei Tage außer Haus zu sein. Mein Mann und ich haben jedoch Mühe mit der Vorstellung, dass sich meine Eltern in unserer Wohnung aufhalten, in unsere intimen Angelegenheiten schauen können und sich bei uns einnisten. Wir wissen einfach nicht, wie wir das Richtige für uns alle herausfinden können.*

ANTWORT DER FACHFRAU: Da braucht es noch einige Diskussionsrunden – und zwar zuerst mit Ihrem Mann, das ist aktuell das Wichtigste. Sie beide sind es, die die Vorgaben machen. Erst dann, wenn Sie beide klare Optionen haben, stehen die Gespräche zu viert mit Ihren Eltern an.

Nun ist vorerst die Frage, wie Sie beide das für Sie Richtige herausfinden. Ich würde Ihnen ein gemeinsames Brainstorming vorschlagen, einen wahren Hirn- und Herzsturm, bei dem Sie ganz viele Ideen sammeln, ohne sie vorerst zu bewerten und zu prüfen. Da sind Fantasie und Kreativität angesagt. Zum Beispiel: Dieser Großeltern-Tag soll bei den Großeltern stattfinden. Oder er soll in Ihrer Wohnung stattfinden. Sie vertagen das Problem, weil es noch nicht reif ist. Sie organisieren Ihre Wohnung so, dass ein, zwei Räume für Ihre Eltern nicht zugänglich sind, und kommunizieren das auf diese Weise. Oder Sie suchen einen Kita-Platz und so weiter und so fort.

Das alles bringen Sie zu Papier, und an einem gemütlichen Abend mit Ihrem Mann und einem Glas Wein fangen Sie an, die Liste zu kürzen – bis noch ein, zwei Optionen bleiben. Sie wollen alles auf einmal haben, und das geht in gewissen Lebenssituationen nicht. Es stehen Kompromisse an. Wenn Sie wirklich einen Tag für sich wollen und Ihre Eltern als Hütende ehrlich akzeptieren, muss doch eine gute Lösung in Reichweite sein.

ZUSTÄNDIGKEITEN

HERR UND FRAU B., 39 UND 38, MACHEN SICH SORGEN: *Seit drei Jahren hütet die Großmutter (die Mutter des Mannes) ihren sechsjährigen Enkel. Unser Sohn geht gerne zu seiner Oma. Sie verwöhnt ihn, sieht viel fern mit ihm, kocht seine Lieblingsspeisen und macht, was unser Sohn* *will. Wenn er keine Lust hat, auf den Spielplatz zu gehen, bleiben die beiden zu Hause.*

Kürzlich war Oma mit unserem Sohn im Kino, um sich mit ihm »Heidi« anzuschauen. Unser Sohn kam mit einem richtigen Großmutterfimmel zurück. Großmütter sind die Besten. Wir haben uns bisher nicht eingemischt. Nun fängt unser Sohn an, uns gegen seine geliebte Oma auszuspielen. Wenn ihm etwas nicht passt, sagt er, er wäre lieber bei der Oma. Hier die Oma, dort die Oma. Das ist mühsam für uns.

ANTWORT DER FACHFRAU: Ihr Sohn liebt das Verwöhnprogramm seiner Oma. Das ist nachvollziehbar. Und offenbar haben Sie das bisher auch toleriert. Es wurde erst zum Problem, nachdem Ihr Sohn begonnen hat, Oma und Eltern gegeneinander auszuspielen. Das ist für niemanden gut, nicht für Sie als Eltern, nicht für Ihren Sohn und nicht für die Oma. Denn da werden Rollen und Zuständigkeiten vermischt.

Es sollen und wollen Wege gefunden werden, Ihrem immerhin schon sechsjährigen Sohn klarzumachen, dass Eltern und Großeltern unterschiedliche Aufgaben wahrnehmen.

Fangen wir bei der Oma an: Meines Erachtens darf sie verwöhnen (wenn die Eltern das erlauben). Die Eltern,

Sie, haben eine andere Rolle, denn Sie erziehen, nähren und üben das Zusammenleben, wie auch tolerant und respektvoll zu sein. Ihr Sohn soll langsam begreifen lernen, dass es doch toll ist, beides zu haben. Die Oma mit ihren Angeboten und die Eltern mit ihren – anderen – Angeboten. Das eine ist nicht ohne das andere zu denken.

Wie wäre es denn, wenn die Eltern mit ihrem Sohn auch in den »Heidi«-Film gingen? Danach gäbe es eine ganze Menge zu diskutieren. Es ist anders für Ihren Sohn, diesen Film zuerst mit der Oma und danach mit den Eltern anzusehen. Beides ist toll, beides ist gleichwertig. Und in beiden Fällen gibt es eine Menge auszutauschen. Die Eltern haben dabei im Blick, dass ihr Sohn lernt, beide Welten zum einen zu unterscheiden und zum anderen wertzuschätzen.

NEUE TÖNE IM DIALOG

ES GEHT IM GEMEINSAMEN KONTAKT um Fragen und mögliche Antworten, um das Aushandeln und Verhandeln, um Reflexion und Dialog. Schlüsselbegriffe sind hier Solidarität und Autonomie – und das Bestreben, dass sich die beiden nicht widersprechen.

Solidarität – die Großeltern unterstützen ihre Kinder und erleben damit ihre Enkel. Autonomie – sie machen es aus eigenem Interesse heraus und erleben es als Bereicherung. Sie können und dürfen aber auch Nein sagen. Das sind neue Themen und ungewohnte Töne im Dialog zwischen den Generationen. Da wird eine neue Art des Zusammenlebens entworfen, ausprobiert und reflektiert.

ALLE GENERATIONEN GEWINNEN

KEINE SOLIDARITÄT OHNE AUTONOMIE. Keine Autonomie ohne Solidarität. Da werden Pakete geschnürt, Experimente gewagt, Grenzen verschoben. Die Generationen stehen im gelingenden Fall in gutem Kontakt. Wenn es Probleme gibt, kann man bei den Großeltern oft eine offene und versöhnliche Haltung spüren; es soll doch allen Generationen gutgehen.

Dasselbe findet mit sozialen Großeltern statt. Es gibt Kindergärten, Schulen, Asylzentren und damit genügend

Gelegenheiten, um als »übernächste« Generation zur Verfügung zu stehen. Kinder sehnen sich nach Großeltern, Senioren sehnen sich nach Kindern. Das passt zusammen. Und das lässt sich immer wieder feststellen in Kindergärten, Schulen, Nachbarschaften. Es gibt heute Institutionen, die solche sozialen Großelternplätze gezielt vermitteln und unterstützen.

Es ist interessant festzustellen, dass früher die Alten von den Jungen abhängig waren. Ist es heute umgekehrt? Schaffen wir in unserem Denken und Handeln den Schritt zur Solidarität? Alle drei Generationen brauchen einander.

KREATIVE LÖSUNGEN
FÜR EINE SOLIDARISCHE GESELLSCHAFT

DIE ENORMEN FLÜCHTLINGSBEWEGUNGEN, mit denen wir in diesem Jahrzehnt konfrontiert sind, verlangen in den Aufnahmeländern wie Deutschland, Österreich und der Schweiz nach *neuen* Formen der Solidarität. Überlegen wir doch einmal, welche Betätigungsfelder sich hier für Senioren und Seniorinnen finden lassen – nicht zuletzt im Großmutter-/Großvatersein.

Flüchtlingskinder haben in der Regel ihre Großeltern nicht mehr zur Verfügung. So eröffnet sich eine neue Möglichkeit für Senioren in unseren Landen, sich als soziale Großeltern zur Verfügung zu stellen.

Soziale und leibliche Enkel lehren uns politisches Denken. Es geht um Bildung und Erziehung, um Wohnungen, Spielplätze, Kindergärten und Schulen, öffentliche Verkehrsmittel und Straßenverkehr. Alle diese Themen sind hochpolitisch. Wie kinderfreundlich beziehungsweise kinderfeindlich ist unsere Gesellschaft organisiert? Und wo und wie wollen wir uns engagieren? Und was können die Alten für die Jungen und mit den Jungen tun? Wir sind miteinander im Gespräch – auf der Suche nach solidarischen Lösungen.

SOLIDARITÄT

Wir jungen Alten haben es vielleicht nicht gelernt
in unserer Generation
die Vielfalt der Menschen und Charaktere
zu respektieren
um Solidarität zu bauen

Wir haben uns an- und einpassen müssen
mehr als uns guttat
bis zur Eintönigkeit

die Solidarität war kein Thema

Solidarität kennen
erfahren, wie es ist, wenn dir jemand hilft
wenn dir jemand die Stange hält –
wenn reich und fit
sich um arm und schwach sorgt
wir sind eine Welt
Spätsommer, Herbst und Winter 2015/16
Flüchtlingsströme, Millionen
Europa verändert sich, muss sich verändern
Eine neue Zeit bricht an

Solidarität anerkennen: die Not anerkennen
es geht ums Überleben
alle gehören dazu
Familie, Nachbarschaft, Fremde, Kranke, Flüchtlinge
solche in Not
alle brauchen Solidarität

Solidarität herstellen
für dich, für mich
zwischen den Generationen
den Kulturen, den Sprachen

Solidarität konsolidieren
Würde respektieren – Liebe fühlen
es gibt keine Alternative dazu
Mach dich auf die Socken!

Solidarität formen
jeder entfaltet sich in Anerkennung
des Andersseins des Anderen
Solidarität formen mit Kopf
und Herz und Hand

Solidarität fördern
damit es keine Ghettos gibt
keine Ausgrenzungen
so wenig Isolation wie möglich
Gemeinschaft,
sie rettet uns vor dem Untergang
so viel Gemeinschaft
wie machbar und lernbar ist
wir können mehr

LEIBLICHE UND SOZIALE BEZIEHUNGEN

ES IST BEEINDRUCKEND, IN WELCHEM AUSMASS sich Lebensformen und Familienformen in den letzten vier bis fünf Jahrzehnten verändert haben. Damit haben auch Trennung, Trauer und Neubeginn eine neue, andere Qualität des Erlebens bekommen.

Trennungen und Neubeginn waren früher meistens schicksalhaft bestimmt. Wo früher die Normalfamilie mit der Einheit von Leib, Dach und Namen »normal« war – auch die weibliche und männliche Normalbiografie –, ist es heute die Vielfalt der Familienformen, aus dem Begehren, aus Lieben und Entlieben entstanden.

Das ist das Neue.

LUST UND LIEBE

BEVOR EINE FORTSETZUNGSFAMILIE ENTSTEHT, geht es um Begehren, um Lust, um Liebe.

Die Begehrlichkeit nach einer zweiten Frau, einem dritten Mann, auch wenn schon Kinder da sind, ist gesellschaftlich akzeptabler geworden. Fortsetzungsfamilien werden heute gesellschaftlich positiver gesehen, selbst wenn sie im individuellen Leben ein großes Drama und Trauma bedeuten können.

Mit der Akzeptanz der Fortsetzungsfamilien sind

aber zugleich deren Probleme und Ambivalenzen sichtbar geworden: dass eine Liebe zu Ende gehen kann, dass sich Partnerschaft und Elternschaft auseinander dividieren können und dass es neue Lieben gibt. Dass man sich von Kindern trennen kann, obwohl man sie liebt. Dass man einen Partner verlassen kann, obwohl man große Schuldgefühle hat. Dass man anderen Verletzungen und Schmerzen zufügt, weil eine neue Liebe so machtvoll ins Leben getreten ist.

DREI WESENTLICHE PUNKTE FÜR EIN GELINGENDES FAMILIENLEBEN

DREI ASPEKTE sind bei dieser Entwicklung wichtig:

1. Um diese Familienformen lebbar zu machen, gilt es, mit Ambivalenzen gut umgehen zu können. Klar und selbstverständlich. Alles muss neu geregelt werden. Zum einen das Familienleben im neuen Haushalt, zum anderen die Kontakte zu Elternteilen außerhalb der neuen Konstellation.

2. Die Erwachsenen mit ihrem Lieben und Entlieben schaffen die Fortsetzungs- beziehungsweise Patchworkfamilien. Die Kinder und Jugendlichen müssen sich damit zurechtfinden, ihre Zugehörigkeiten neu ordnen. Mehrere Bezugspersonen sind besser als eine. Doch Kinder können dabei auch verloren gehen. Und ihrem unvermeidlichen

Schmerz haben die leiblichen und sozialen Eltern Rechnung zu tragen.

3. Die große Frage ist, wie es im Älterwerden und Alter aussieht. Bisher waren zumeist leibliche Familienmitglieder zuständig. Wie es mit den Zuständigkeiten und Verantwortlichkeiten der sozialen Familienmitglieder aussehen wird, ist ebenfalls weder klar noch selbstverständlich. Hat die Leiblichkeit Priorität vor dem Sozialen? Oder gibt es eine Solidarität darüber hinaus?

WELCHE RESSOURCEN GIBT ES?

IN PATCHWORKFAMILIEN wird – im besten Fall – aus Ressourcen Solidarität, Verhandlungsfähigkeit und Flexibilität generiert. Voraussetzung dafür ist jedoch die Fähigkeit, die (vorherigen) Trennungen angemessen zu betrauern und zu reflektieren und eine versöhnliche Lebenshaltung zu entwickeln. Diese Haltung kann für alle Betroffenen enorm hilfreich sein, um Illusionen zu überwinden und Vorurteile und Fehleinschätzungen zu revidieren.

Es geht darum, mit der ganzen Organisation eines komplexen familiären Gebildes flexibel und dynamisch umzugehen. Wir brauchen im Wesentlichen eine seelische Elastizität, durch die wir uns und anderen immer wieder eine neue Chance geben können.

Wichtig sind auch Vorbilder: andere Patchworkfamilien, Eltern, Lehrpersonen, Nachbarn, die vorleben,
wie man Krisen und Konflikte als gemeinsame Herausforderung angehen und so das familiäre Immunsystem
stärken kann.

Gut funktionierende Fortsetzungsfamilien verfügen
über Wissen und Erfahrungen, die eine Gesellschaft nutzen kann, um mehr Solidarität zu erzeugen. Sie zeigen,
dass

– Trauer und Versöhnungsbereitschaft beziehungsweise
Versöhnung bedeutsame Aufgaben sind, um neue Solida-
ritäten zu schaffen;

– wir seelische wie auch planerisch-organisatorische
Kreativität brauchen;

– Verhandlungs- beziehungsweise Aushandlungsfähigkeit
sowie Vertrauen in sich selbst und andere wichtige Ins-
trumente darstellen.

Und ganz wichtig ist, dass dies alles erlernbare Kom-
petenzen und Fähigkeiten sind. Das heißt mit anderen
Worten: Solidarität kann erlernt werden. Autonomie auch.
Und das eine bedingt das andere.

DIE WELT IST NICHT GERECHT

WIE GEHEN WIR mit den unvermeidlichen Ungleichheiten um? Diese können die familiäre Situation betreffen, Fähigkeiten und Ressourcen, die gesundheitliche Verfassung, die finanziellen Möglichkeiten, oder das soziale Netz.

Ein Beispiel von vielen: Singles sind ohne Partner und Kinder durchs Leben gegangen und werden älter. In den Jahren, in denen ihre Freundinnen und Freunde Kinder hatten, haben sie ihr Leben gelebt, in Freiheit, ohne besondere Verpflichtungen. Und sie haben gehofft, dass ihre Freundinnen dann, wenn die Kinder das Elternhaus verlassen haben, Zeit für gemeinsame Unternehmungen hätten. Doch die Großelternrolle macht ihnen einen Strich durch die Rechnung. Die Freunde und Freundinnen hüten nun mit Leidenschaft ihre Enkelinnen und Enkel und haben wieder keine Zeit, mit ihren alleinstehenden Freunden etwas zu unternehmen. Das kann diese sehr frustrieren.

Ein anderes Beispiel: das leidige Geld. Die einen haben es, die anderen nicht. Die einen haben geerbt, haben viel verdient. Die anderen haben ebenso gearbeitet wie die anderen, sind aber aus verschiedenen Gründen auf keinen grünen Zweig gekommen. Das schmerzt im Älterwerden – nicht nur seelisch, sondern auch ganz konkret im täglichen Leben. Natürlich macht Geld nicht glücklich. Aber es ist im Alter angenehm, sich einigen Komfort leisten zu können:

gutes Essen, besonderen Wein, Einladungen, Geschenke für Freunde und Familie, Reisen, Unterstützungen im Alltag (jemanden, der putzt oder aufräumt).

GESUND ODER KRANK – ES GIBT KEINE GARANTIEN

EIN SCHWIERIGES THEMA IST DIE GESUNDHEIT. Auch hier gibt es keine Gerechtigkeit. Ein gesunder Lebensstil und viel Bewegung garantieren keine Gesundheit. Es gibt genetische Belastungen, berufsbedingte Abnutzungen, eine schwache Immunabwehr. Vielem lässt sich vorbeugen, aber nicht alles lässt sich verhindern. Das müssen wir in aller Bescheidenheit zugeben. Eine chronische Krankheit kann den Bewegungsradius im Alltag sehr einschränken. Ein kranker alter Mensch braucht Unterstützung im Alltag. Familie? Heim? Pflege? Das sind alles sensible Themen, die Feingefühl erfordern, damit Solidarität und Autonomie gewährleistet werden können.

Chronische Schmerzen sind etwas, was sich kein Mensch – und keiner dem anderen – wünscht. Schmerzen zermürben, sie schwächen die Konzentration auf irgendein »schmerzfreies Thema«, weil sie so fordernd sind. Wir leben noch lange nicht in den glorreichen Zeiten, wo kein Mensch mehr Schmerzen erleiden muss. Schmerzen können das Gemüt verhärten, abstumpfen, ärgerlich stimmen. Nichts mehr will gehen. Alles ist mühsam. In solchen Situationen sehnen Menschen sich unter Umständen den Tod und damit die Erlösung herbei. Eine vorzeitige Beendigung des Lebens wird zum Thema. Wird damit eine ausgleichende Gerechtigkeit erhofft?

Viele Menschen können dank medizinischer Hilfe länger leben, als das bisher je möglich war. Heute können kranke Organe ersetzt beziehungsweise gesunde Organe transplantiert werden: Herz, Nieren, Leber. Eine Krebserkrankung, die früher oft tödlich verlief, ist heute weitgehend zu einer chronischen Krankheit geworden. Meist lauern dabei mannigfaltige Komplikationen.

Kranke Menschen mit einem längeren Leben haben ihr Schicksal nicht gewählt. In den sozialen Beziehungen sind sie vorsichtig geworden – wer weiß, ob sie beim nächsten Termin noch dabei sein werden? Sie können nicht mehr planen, weil Gegenwart und Zukunft offen sind.

Chronisch Kranke haben im besten Fall ein Umfeld, Beziehungen, Familie. Auch für die um sie herum gilt, dass sie mit der Unsicherheit und den Rückschlägen zu leben haben. Es ist eine Achterbahn der Gefühle.

Solche Situationen häufen sich mit der Zunahme der Hochaltrigen. Das gilt auch für Demenz, Alzheimer und ähnliche altersbedingte Zustände.

WER HAT DIE VERANTWORTUNG?

UNGERECHTIGKEITEN KOMMEN AUCH bei der Fürsorge und Betreuung der Generationen untereinander vor. Sie wollen definiert werden. Wer kümmert sich um Pflegebedürftige? Wer pflegt jene, die keine Angehörigen (mehr) haben. Roboter? Oder junge Frauen aus dem Osten? Wie gehen wir mit den alten Alten um? Wie stehen wir zu Alters- und Pflegeheimen? Wie bringen wir Fürsorglichkeit, Solidarität auf? Wo und wie lernen Kinder echt gelebte Beziehung? Wer ist in Patchworkfamilien für wen verantwortlich? Die leiblichen oder die sozialen Familienmitglieder? Alle oder keiner?

In einer Zeit steigender Verunsicherung nehmen innere Abschottung oder Rückzug in eine vermeintlich heile Welt, die es gar nicht mehr gibt, unweigerlich zu.

Ungerechtigkeit ist eine Realität. Solidaritätsbemühungen versuchen da einen Ausgleich zu schaffen. Es braucht Dialoge und Friedensbemühungen im individuellen und gesellschaftlichen Bereich. Aber wie soll das geschehen? Wer zeigt sich verantwortlich? Wer hat Zeit und Liebe für wen?

FRIEDE

Friede – unsere Sehnsucht
und der Weg dazu so steinig, so weit
Ruhe und Frieden
nicht erst im Tod, sondern im Leben

Friedvoll und glücklich sein
lächeln dürfen
lächeln wollen
lächeln
so einfach und so schwierig

Wärme und Weite
Licht und Liebe

Frieden wollen
Frieden bauen
Frieden kennen und anerkennen
Frieden herstellen
Frieden konsolidieren
Frieden formen
Frieden bewahren

Wenn der Friede von innen nach außen wirkt
wenn der Friede vom Einzelnen ausgeht
und eine weltgroße Kraft sein will
wenn es so leicht wäre
wenn nicht schon der Einzelne im Alltag
überfordert ist
dann ist der Weg zum Frieden weit

Friede, unser Anliegen
unsere tiefe Sehnsucht
im Leben

WIE WOLLEN WIR IM ALTER LEBEN?

MIT DEM EINTRITT IN DEN RUHESTAND verändert sich in der Regel das Verhältnis von individuellem und sozialem Leben. Beides bedarf der Neugestaltung. Der Beruf strukturiert das Leben nicht mehr und man hat auch keine Kollegen mehr. Dadurch entstehen soziale Lücken, Anerkennung und Wertschätzung fehlen oft. Ohne den Beruf außer Haus werden wir bei privaten Krisen (Ehe, Freunde, Nachbarn) verletzlicher, weil das Private jetzt mehr Raum einnimmt. Das bedeutet, dass die Lebensbereiche sich wesentlich verändern und geistig und emotional und natürlich auch zeitlich anders besetzt sind. Wo und wie kann jetzt das Soziale – der Gemeinsinn – gepflegt werden? Wo und wie treffen wir Bekannte, erhalten Anerkennung und können unsere Talente leben? Wo und wie innerhalb der eigenen Generation? Wo und wie mit den anderen Generationen?

Voll von Freunden war mir die Welt,
als noch mein Leben licht war,
Nun, da der Nebel fällt,
ist keiner mehr sichtbar.

HERMANN HESSE

Bei älteren Menschen fallen weder Verbundenheit noch Einsamkeit vom Himmel, und auch die Gesundheit nicht. Befindlichkeiten haben meistens eine lebenslange Geschichte. Deshalb sind sie auch nicht leicht zu verändern. Es gibt Prägungen und Gewohnheiten in einem Lebenslauf, und gewisse Muster haben sich vielleicht verfestigt. Und doch: Einsamkeit kann quälend sein, und der Wunsch, daraus auszubrechen, so groß, dass man noch etwas wagt und riskiert.

Es ist nie zu spät dafür, andere anzusprechen, sich ins Spiel zu bringen. Wann, wenn nicht jetzt, im letzten Lebenskapitel? Denn noch nie gab es so viele Möglichkeiten wie heute – im kleinen Kreis, in einem Kommunikationsnetz, in einer Institution, Organisation. Verbunden und autonom.

GEMEINSAM ALT SEIN

DAS SOZIALE LEBEN bedeutet Kooperation, Toleranz, Engagement ohne Einmischung, Respekt und Wertschätzung, eine Kultur des Miteinander. Ein Altersheim kann als tröstliche Gemeinschaft, als Ort der Akzeptanz, als Ort der Ruhe erlebt werden. Als ein Ort, an dem die Langsamkeiten, die Merkwürdigkeiten und andere Alterserscheinungen ernst genommen werden. Und wo man nicht allein ist. Ein Altersheim kann Kontakt und Lebensqualität bedeuten.

Heutzutage, wo die Alt-68er zu den jungen Alten gehören, stellt sich die Frage, ob etwas vom früheren revolutionären Potenzial im Älterwerden umgesetzt werden kann. Was bedeutet es beispielsweise für Alterseinrichtungen? In der Schweiz gibt es Altersheime für die Italienisch sprechenden (und essenden, und lebenden) Menschen: Da ist man unter sich, da gibt es Spaghetti und Rotwein, Gesang und Tanz. Heimat.

Ich werde älter. Noch immer atme ich, mein Herz schlägt, meine anderen inneren Organe leisten ihre guten Dienste. Nichts von dem, was ich bin, habe ich selbst gemacht. Es geschieht. Im Körper, im Gehirn, in der Seele. Seit vielen Jahrzehnten geschieht es.

Langsam, aber sicher, muss ich ein bisschen mithelfen. Und doch habe ich dieses Wunder von Leben nicht selbst hervorgebracht.

Die inneren Organe kooperieren. Wenn alles gut geht, machen sie sich untereinander keine Konkurrenz, sondern manifestieren sich, wie sie sind, sind offen gegenüber dem Fluss des Lebens und verschließen sich nur im Notfall.

IN VERBUNDENHEIT LEBEN

WIR MENSCHEN LERNEN von unserem Körper, uns gegenüber anderen Menschen, der Natur und der Welt zu öffnen. In der Verbundenheit der Liebe. Im inneren Wissen davon, was ansteht. Wir sind soziale Wesen und überleben nur in Verbundenheit.

Das äußert sich auch im zweifachen Beenden: dem Beenden des eigenen Lebens und dem Beenden der Beziehungen zu Sterbenden und Toten. Beides gehört zusammen.

Es geht um das Akzeptieren von Grenzen. Heutzutage ist das Altern noch Schicksal. Wohl deswegen sind wir heute so bemüht, die Grenze Tod aufzuheben. Wir wollen nicht mehr sterben. Wir wollen diese narzisstische Kränkung mit allen Möglichkeiten verhindern. Wir wollen Regie führen. Hat das Sinn und, wenn ja, wofür?

Gutes Altsein. Innerliche Verbundenheit zu nahen Menschen spüren. Zu müde, um böse zu sein, um noch auf Rache zu sinnen; zu müde, um allein sein zu wollen, zu kämpfen. Der Versuch, einiges noch mit sich und mit anderen zu klären und zu bereinigen, braucht manchmal einen sozialen Kontakt, sei es mit dem Sohn, mit einer Therapeutin.

Versöhnung mit sich und anderen wird im Älterwerden zu einem brennenden Thema, um gelassen dem

Ende entgegenzusehen. Erst Toleranz und Versöhnung bringen inneren Frieden, innere Ruhe, ein Beenden-Können – und Dankbarkeit für das, was ist und war. Den Mut, die Dinge zu nehmen, wie sie sind (Gebrechen, Einschränkungen). Ja zu sagen zu dem, was ist oder nicht ist.

WERTVOLL UND VOLLWERTIG
IN DER GESELLSCHAFT

ZUR SOLIDARITÄT GEHÖRT AUCH, dass Menschen einen Wert in unserer Gesellschaft haben. Ältere haben eine besondere Art von Lebenserfahrung zur Verfügung. Und Zeit. Und Geduld. Die Gesellschaft ist dann solidarisch mit den alten Menschen, wenn diese einen Wert beanspruchen dürfen und darin anerkannt werden. Freiwilligenarbeit und Nachbarschaftshilfe hat es immer gegeben. Im Erwerbsalter wird sie vorwiegend von Frauen geleistet, aber nach der Pensionierung stoßen auch Männer und andere Frauen dazu. Sie fühlen sich noch fit, suchen eine sinnvolle Beschäftigung und wollen sich wertvoll und nützlich einbringen. Je nach Beruf suchen sie berufsnahe oder ganz andere Tätigkeiten.

Heute wird die ältere Generation von sozialen Institutionen sogar gezielt angesprochen, um in Schulen, Spitälern, Heimen oder Gemeinschaftszentren mitzuwirken. Die Helfer werden miteinander vernetzt und erhalten manchmal auch Weiterbildungen. Sie teilen ihre Erfahrungen mit anderen. Es gibt Rentner, die mit ihrem beruflichen Wissen weiterwirken wollen, bezahlt oder unbezahlt. Selbstständige arbeiten oft über das Pensionsalter hinaus, weil sie ihren Beruf lieben, oft aber auch, weil sie das Geld brauchen. Manche arbeiten auch mit reduzierter Stundenzahl weiter.

NEHMEN UND GEBEN – EIN MODELL

DIE ORIGINELLE ENTSCHEIDUNG einer selbstständigen Psychotherapeutin um die 70 zeigt, was möglich ist (Katrin
Wiederkehr). Als Fachkraft will sie für eine begrenzte
Stundenzahl »Beratung« anbieten und kein Honorar dafür
verlangen. Sie sagt, dass sie im Leben viel bekommen habe
und etwas zurückgeben wolle.

Ihr Modell nennt sie »take and give« – nehmen und
geben. Etwa fünf Gespräche zum Klären, Innehalten,
Herausfinden von Stärken und zur Mobilisierung von
Ressourcen umfasst das Angebot. Damit bietet sie einen
geschützten Ort an, um in Ruhe zur notwendigen Orien-
tierung zu finden. Im Gegenzug erwartet die Therapeutin
von den Ratsuchenden eine aktive Mitarbeit und eine
Vergütung nach dem Prinzip »take and give«. Das bedeutet, dass die Klienten eigenverantwortlich, nach eigenem
Ermessen, in finanzieller Form oder mit anderen Leistun-
gen, die Beratung entgelten. Diese Gegenleistung wird von
der Psychotherapeutin nicht kontrolliert. Es kann eine
Spende an »Ärzte ohne Grenzen« sein oder Deutsch-
unterricht für einen Flüchtling. Psychische Weiterbildung
erfolgt also im Tausch gegen gute Taten an Dritten.

Ich habe dieses Modell ausprobiert und als gut und faszi-
nierend erlebt. Es ist interessant, wie die Rat suchenden

Menschen auf dieses Angebot reagieren. Besorgte fragen zurück, ob es mir wirklich ernst sei. Andere staunen über solche Großzügigkeit. Wieder andere wissen sofort, was sie selbst Gutes tun wollen. Einige mutet das Ganze sehr befremdlich an und sie wissen nicht, ob sie das Angebot annehmen wollen.

Die Beschränkung auf eine bestimmte Stundenzahl signalisiert, dass mein Angebot etwas anderes ist als eine Psychotherapie. Es kann unter Umständen ähnlich hilfreich wirken, denn nicht jeder braucht viele Stunden Therapie. Das Modell soll auch keine Konkurrenz zur Psychotherapie sein, sondern ein Angebot einer älteren Fachkraft, die sich diesen Beitrag zur Solidarität im Alter finanziell leisten kann. Wir haben in unserem Land viele begüterte Fachkräfte, und das Modell ist gerade für selbstständig Arbeitende sehr gut geeignet.

BEWUSST GESTALTETE SOLIDARITÄT

AUCH ANDERE ANSÄTZE ERMÖGLICHEN ES, im Alter einen Wert in der Gesellschaft zu haben. Ältere Menschen schreiben zum Beispiel ihre Familiengeschichte oder Biografie oder erzählen sie jemandem, der sie zu Papier bringen kann. Es gibt heute Angebote von Lektorinnen, die zu den Menschen gehen, ihnen über viele Stunden zuhören und danach die Lebensgeschichte aufschreiben. So entsteht ein privates oder halb öffentliches Buch, das in Familie und Bekanntschaft verteilt werden kann und einen Beitrag zum kollektiven Gedächtnis darstellt.

Der Kern solcher Initiativen ist es, Sinn zu stiften, einen Wert zu haben, Gegenwart auszuschöpfen, Teil eines Größeren zu sein, Solidarität zu praktizieren. Das sind alles Aspekte einer zeitgemäßen Alterskultur.

Gemeinsam lange leben – das tun viele von uns, aber wir haben auch den Wunsch, dies auf möglichst befriedigende Weise zu tun. Solidarität wird von einem alten zu einem neuen Thema. Es gab schon immer Verantwortung und eine gegenseitige Abhängigkeit in sozialen Gruppen. Solidarität ist also nichts Neues. Doch sie will bewusster gewählt und gestaltet werden, im privaten wie im politischen Bereich.

Wir können dies tun, indem wir für die leiblichen oder sozialen Enkel Großeltern sind, aber auch durch Erbrecht und Vermögensaufteilung, um das Alter abzusichern, oder durch Generationenverträge (gegenseitige Unterstützung, Kooperation). Es gibt wahrlich viel zu tun im Interesse des »gemeinsamen langen guten Lebens«.

MEHR ALS GUTE ABSICHTEN

GUTE ABSICHTEN REICHEN NICHT AUS. Das ist für den individuellen und gesellschaftlichen Bereich wichtig zu betonen. Es geht um die Veränderung der Bilder vom Berufsleben und vom Leben danach. Und es geht darum, die Inhalte dieses Lebensabschnitts nach dem Berufsleben aktiv zu erschaffen.

Dazu gehört, sich bereits im Berufsalter zu informieren und zu orientieren – durch solide Informationen darüber, wie der Übergang in die letzten 20, 30 Jahre aussehen kann. Außerdem geht es darum, über die bezahlten und unbezahlten Tätigkeiten nach dem offiziellen Rentenalter einen Austausch zu organisieren.

Es gibt bereits Organisationen, die sich mit diesen Dingen beschäftigen, und informierende Zeitschriften und Magazine. Das sind vielversprechende Ansätze, die wir in den kommenden Jahren ausbauen sollten.

Solidarität
sie will gewünscht und gewählt und gelebt werden
Solidarität will erkannt werden
Solidarität will geschaffen und konsolidiert werden
sie will geformt und gefördert werden
um gemeinsam gut lange zu leben

KAPITEL 03 | INNERLICH AUF AUGENHÖHE

ABSCHIED VON HIERARCHIEN

SCHWÄCHE HEBT HIERARCHIEN AUF. Im Älterwerden nähern sich die Menschen einander an: Sie werden gebrechlich, das Gedächtnis wird schwächer, der Körper bedürftiger, der Tod erscheint am Horizont. Die Bedürftigkeit gleicht bis zu einem gewissen Grad die Standesunterschiede aus. Das Geld kann nicht mehr alle anstehenden Schwächen kompensieren. Geld ist asozial, und das letzte Hemd hat keine Taschen.

Enthierarchisierung geschieht auch dadurch, dass die Altersgesellschaft eine Gesellschaft der Frauen ist. Im Alter sind die Frauen oft unter sich, und sie werden in der Regel von Frauen betreut. Die Gesellschaft im Alter wird also femininer, und Frauen gelten als selbstfürsorglich, kinderfreundlich und kommunikativ.

Aber es gibt Ausnahmen bei der Enthierarchisierung durch Schwächen. Es gibt auch bei Altersheimen verschiedene Ebenen. Nur bestimmte Menschen können sich eine private Betreuung leisten, solange sie noch keine Pflegefälle werden.

Und genau bei diesen Themen fehlt es bisher an Solidarität. Die Welt ist nicht gerecht, das muss immer wieder betont werden. Aber im Älterwerden können wir Grundlagen für Solidarität legen – die Chance für eine Existenz auf Augenhöhe.

DEN BLICK NEU AUSRICHTEN

ENTRÜMPELN UND ENT-SORGEN. Es mag ein wichtiger Sinn des Alters für alle sein, in Ruhe das Leben beenden zu können und zuzeiten die Schränke und Keller zu räumen und zu leeren. Damit ist das Entsorgen in einem guten Sinn gemeint: ein Entrümpeln, Sich-Freimachen. Entsorgen heißt dann, etwas »aus der Sorge geben«, sorgenfrei werden, leicht werden. Es heißt keineswegs, sich im Alter selbst zu entsorgen, wie es in den letzten Jahren in unschönen Debatten immer wieder diskutiert wird.

Älterwerden bedeutet ein fortwährendes Abstandnehmen und doch Präsentsein – als Einzelne und als Generation. Ein Beispiel und Sinnbild dafür ist der lächelnde Großvater am lauten, etwas chaotischen Familientisch. Er muss nicht mehr nützlich sein, nicht mehr erziehen und sich nicht einmischen. Er ist einfach da. Präsenz. Wohlwollen. Der Blick will auf gleicher Augenhöhe (mit Vater-Sohn, Großmutter-Enkel) neu ausgerichtet werden. Es geht um Anerkennung, Wertschätzung und Dankbarkeit.

Die Alten werden kleiner, die Kleinen größer – was zählt, ist die innere Augenhöhe, sind Respekt, Anerkennung, Würdigung.

EBENBÜRTIG

DAZU PASST DIE PARABEL vom Leopard und der Schildkröte:

Der Leopard und die Schildkröte begegnen einander in der Savanne.

Der Leopard frohlockt. Endlich habe ich dich. Mach dich zum Sterben bereit.

Darf ich dich um einen Gefallen bitten, fragt die Schildkröte. Ich möchte mich auf den Tod vorbereiten.

Der Leopard ist siegessicher großzügig.

Die Schildkröte scharrt und kratzt im Sand und wirft diesen wild nach allen Seiten.

Warum tust du das?, fragt der Leopard.

Die Schildkröte: Weil ich will, dass die Leute, die nach meinem Tod hier vorbeigehen, sagen, hier haben zwei gekämpft, die ebenbürtig waren.[7]

Ein Kind kann mit seinem Großvater auf gleicher Augenhöhe sein. Auch ein Mensch im Rollstuhl kann mit seinen Mitmenschen auf gleicher Augenhöhe sein. Jede Begegnung braucht – wie die Schildkröte es eingefordert hat – eine spezielle Einstellung, ein besonderes Vorgehen, um die gleiche Augenhöhe, die Ebenbürtigkeit herzustellen, wenn sie nicht schon da ist.

Äußerlich gleiche Augenhöhe kann dabei helfen, die innerlich gleiche Augenhöhe zu erreichen.

Als ich von einer mehrjährigen Tätigkeit in der Trauma Clinic Johannesburg/Südafrika in die Schweiz zurückkam und meine Praxis dort wieder eröffnete, spürte ich, dass ich keine Klienten und Klientinnen mehr liegend auf der Couch behandeln wollte. Ich wollte für die Person auf der Couch nicht mehr unsichtbar sein, hinter der Couch auf meinem großen Stuhl. Es war eine Entscheidung, anders zu arbeiten, mit weniger Regression, mit weniger Übertragung, auf erwachsenere Weise. Ich wollte dieselbe Augenhöhe haben. Die äußerlich gleiche Augenhöhe, um die innere zu ermöglichen. Und ich staunte, wie die meisten meiner Patienten mich auf Anhieb verstanden. Die gleiche Augenhöhe: Das wollten und wünschten sie sich auch.

Und dann eines Tages alt sein
und noch lange nicht alles verstehen, nein,
aber anfangen, aber lieben, aber ahnen,
aber zusammenhängen
mit Fernem und Unsagbarem,
bis in die Sterne hinein.[8]

ÄLTERWERDEN
ALS PAAR ODER ALS SINGLE

NOCH NIE ZUVOR WURDEN SO VIELE Frauen und Männer in Paarbeziehungen miteinander alt. Noch nie war die Scheidungsrate bei alten Menschen so hoch. Noch nie konnten alte Menschen Liebe, Wahrhaftigkeit und Glück wie heute erleben. Ausnahmen gibt es natürlich auch.

Viele Studien belegen die Wichtigkeit einer Beziehung im Alter: Sie bedeutet weniger gesundheitliche Risiken, mehr Aktivität, weniger Depression[9] – wenn ein bestimmtes Maß an Zufriedenheit da ist. Allerdings streiten die Experten darüber, wie hoch die Zufriedenheit sein sollte.

Paare müssen im Älterwerden gemeinsam vielfach neue Herausforderungen bewältigen. Das reicht von Gesundheit, Finanzen, Verlust des Berufes, pflegebedürftigen Eltern bis hin zur neuen Gestaltung von Haushalt und Zusammenleben.

Die Sexualität erobert neue Räume des Erlebens. Wenn der große Verpflichtungs- und Anforderungsdruck von außen wegfällt (Beruf, Kinder), dann kommen die paarinternen verdrängten beziehungsweise beiseitegeschobenen Dinge hoch, vielleicht bereitet es auch Mühe, intime Themen und Bedürfnisse anzugehen. Als Paar, als Single.

SEXUALITÄT – KEIN TABUTHEMA MEHR

ZUFRIEDENHEIT FÜR PAARE im Zusammenleben und in der
Sexualität entsteht nicht von selbst. Auch in diesem Bereich sollten wir uns auf Augenhöhe begegnen. Die Karten
müssen neu gemischt werden. Mögliche Krankheiten
und Einschränkungen werden die Kräfteverhältnisse, die
Arbeitsteilungen und insgesamt die Zufriedenheit ebenfalls beeinflussen.

Der alternde Mensch hat weiterhin sexuelle Wünsche
und zwar bis ins hohe Alter.[10] Früher redete man nicht
»über dieses Thema«. Heute tut man das. Das Thema
Sexualität im Alter ist salonfähig geworden. Es gibt dazu
Literatur, Filme und Ratgeber. Denn es ist so, dass das
Alter auch im sexuellen Bereich »zum Prüfstein wird für
das erotische Selbstbewusstsein«.[11] Generell gilt, dass ein
Paar bis ins hohe Alter sexuell lernfähig bleibt, wenn beide
das wollen. Damit steigt die Zufriedenheit des Paares.

Es gibt heute immer mehr lang dauernde Ehen, die im
Alter geschieden werden. Da hat sich gesellschaftlich
etwas verändert, das für Junge und Alte gilt. Seitdem das
Begehren der hauptsächliche Grund für das Eingehen
einer Paarbeziehung bildet, gibt es bei Unzufriedenheit
und Unglück in einer Ehe keinen Grund mehr zusam-
menzubleiben – und das gilt auch für das Alter. Das war

früher anders. Es gab weniger Liebes- und mehr Zweck-
heiraten, und somit war schwindende Liebe kein Schei-
dungsgrund.

ALLEIN UND EINSAM?

OBWOHL MAN SICH AUCH IN EINER PAARBEZIEHUNG einsam
fühlen kann, spielt die Einsamkeit bei freiwillig (meist
weiblichen) und vor allem bei unfreiwillig (durch Scheidung oder Tod des Partners) allein Lebenden eine größere
Rolle. Das hat zum einen damit zu tun, dass die sozialen
Beziehungen weniger werden, zum anderen damit, dass
Menschen im Umfeld sterben.

Nicht jeder hat die Gabe, nährende, guttuende Beziehungen zu pflegen und solche, die nicht guttun, zu beenden. Aber auch hier gilt, dass man im Älterwerden
immer noch lernen kann, mit den Beziehungen sorgsam
umzugehen und auf neue Menschen zuzugehen.

Untersuchungen zeigen, dass ältere Singles zufriedener
sind als jüngere. Die Lebenszufriedenheit und die soziale
Einbettung von älteren weiblichen Singles und Witwen sind
hoch, auch wenn die Einsamkeit durchaus eine vertraute
Gefährtin ist.[12] Viele Frauen schätzen die neuen Freiheiten
mehr als die Männer, weil viele Frauen ihre beruflichen
und privaten Bedürfnisse im Leben oft zurückgestellt

haben. Umso verlockender wird die Freiheit im Alter. Vor allem dann, wenn in ausreichendem Maß Bestätigung, Anerkennung, Mitgefühl, Geborgenheit, Vertrauen und Zugehörigkeit erlebt werden. Denn die braucht jeder Mensch, um gut zu leben und um wachsen zu können. Bis zum letzten Atemzug!

WIR SIND MEHRERE SELBSTE

DIE SELBSTE: UNSERE VERSCHIEDENEN SEELENANTEILE. Wir haben – um den Begriff von Fernando Pessoa zu verwenden – alle früheren Selbste in uns. Dafür gibt es verschiedene Bilder: die Babuschka; die Bühne; die Menagerie; eine Spielgruppe; ein Fest; eine düstere Feier. Unsere verschiedenen Seelenanteile sind in uns gleichzeitig versammelt – unsere früheren Selbste, die immer noch aktiv sind. Davon sprechen wir in bestimmten Situationen, in Äußerungen wie den folgenden:

»Als er mit mir sprach, wurde ich ganz klein. Ich war nicht mehr ich selbst.«

»Ich stand neben mir.«

»Unglaublich, dass ich auf einmal so viel von früher träume.«

»Mein Ich in der Lebensmitte, voller Kraft und mit vielen Fantasien; und ich heute: Das sind zwei verschiedene Personen.«

DIE FRÜHEREN SELBSTE – UND DAS ÄLTER WERDENDE SELBST

MEIN ANLIEGEN IST ES, die früheren Selbste und das heutige, ältere Selbst auf innere Augenhöhe zu bringen. Sie sehen sich an, wohlwollend, anerkennend. Sie fühlen sich je eigenständig, autonom – und gleichzeitig miteinander verbunden, solidarisch. Wie die Schildkröte und der Leopard. Die folgende Imagination kann uns mit unseren verschiedenen Selbstanteilen in Verbindung bringen:

IMAGINATION

Ich sitze auf einer schönen Bank am Waldrand und schaue in die noch schönere Landschaft hinaus. Die Landschaft ist mein ganzes Leben.

Nun stelle ich mir meine früheren Selbste vor, und zwar in Jahrzehnte-Schritten. Als ich 10, 20, 30, 40 Jahre alt war bis heute. Es werden sechs bis acht frühere Selbste sein.

Wir erinnern uns von außen nach innen: Wo waren wir? Was haben wir getan? Mit wem waren wir zusammen? Und dann wird es innerlicher. Wie ging es uns? Was war unsere Gefühlslage – glücklich, unglücklich, verwirrt, verzweifelt? War noch anderes damals ganz wichtig für mich? Welche Hoffnungen und Visionen hatte ich, was für Enttäuschungen in meinem Leben?

Wenn ich beispielsweise die 30-jährige Frau in mir vergegenwärtigt habe, dann würdige ich sie in ihrem Lebensabschnitt, ich bedanke mich bei ihr, bei meinem früheren Selbst, das zu mir gehört. Ich ehre und anerkenne das frühere Selbst. Ja, das war ich, damals. Ich liebte und litt, ich war schwanger, ich hatte eine gute Stelle, damals suchte ich meinen Platz. Dieses frühere

*Selbst lebt immer noch in mir. Schließlich habe ich alle
meine früheren Selbste und mich selbst vergegenwärtigt.*

*Nun versuche ich – in einem schönen Raum oder in
der Natur – meine früheren Selbste und mich, mein
inneres Team, in einen imaginären Kreis zu stellen. Die
früheren Selbste und das heutige Selbst schauen einander
in die Augen. Vielleicht nicht im ersten Moment, aber mit
der Zeit. Ich habe Zeit.*

*Und das heutige Selbst beginnt – wenn ich auf mein
Herz horche – die Verbundenheit zu den früheren Selbsten zu spüren. Vielleicht auch Zärtlichkeit, Verstehen,
Liebe. Das bin alles ich. Und alle früheren Selbste und
ich heute sind auf der gleichen Augenhöhe. Wir sind uns
ebenbürtig. Es ist eine innere Versöhnung mit allem, was
wir im Leben gemacht und nicht gemacht haben.*

*Für jedes frühere Selbst können wir uns viel Zeit
nehmen. Es kann sich über Tage und Wochen erstrecken,
bis wir beim sechsten, siebten oder achten angekommen
sind. Und es braucht seine Zeit, dieses innere Team zu
versammeln und auf gleiche Augenhöhe zu bringen.*

Diese Imagination versucht, viele Anliegen zu integrieren.
Wir wollen friedvoll und dankbar älter und alt werden.
Wir wissen, wie wichtig Autonomie und Solidarität sind
und dass sie sich wechselseitig bedingen. Wir wünschen

uns die Verbundenheit und Integration mit unseren inneren Selbsten. Wir erhoffen uns gleiche Augenhöhe mit unseren inneren Selbsten – und in der Folge innere Augenhöhe mit unseren Mitmenschen.

DIE VERÄNDERUNGEN BEGINNEN IMMER BEI UNS SELBST

ZUR ERMUTIGUNG SEI HIER DIE RÜCKMELDUNG einer Frau zitiert, die lange und ernsthaft an dieser Imagination gearbeitet hat: »Jetzt weiß ich endlich, wer ich bin. Und dafür musste ich alt werden. Das war früher nicht möglich.«

Und eine andere Frau sagt: »Wir Alten sehen uns beim Älterwerden zu, jeden Tag. Wir sehen es bei uns selbst. Wir sehen es bei den anderen. Gottlob geht es nie allen gleich. So kann ich abwechselnd ein- und ausatmen, weinen und lachen – darüber, was mir das Alter noch an Vielfalt und Überraschungen bereithält.«

MIT DEM TOD AUF AUGENHÖHE

ÜBER REFLEXION UND DIALOG haben wir in den bisherigen Abschnitten mehrfach gesprochen. Beide gehören zum »Heute anders älter werden«. Zu sich stehen. Offen sein. Wagen, man selbst zu sein, und das auch auszudrücken wissen. Rückmeldungen ertragen.

Dazu gehört heute auch das Thema des selbst gewählten Todes. Die verschiedenen Praktiken, die vielfach beschrieben werden, reichen vom Gifttrank über das freiwillige Sterbefasten bis zur Geduld, das eigene Ende einfach zu erwarten. Immer sind es Versuche, mit dem Tod auf Augenhöhe zu sein.

Es gibt dazu inzwischen sehr viel gute Literatur, aber ich möchte hier auch darauf verweisen, da es in unseren Diskurs, zu unseren Überlegungen gehört.

ANDERS STERBEN – ANDERS TRAUERN

BEI DER AUSEINANDERSETZUNG MIT DEM TOD geht es zum einen um den Sterbenden selbst, zum anderen um diejenigen, die weiterleben.

Das Trauern folgte früher nach außen hin einem festen Ritual. Rituale helfen, Unfassbares ins Leben einzubetten. Früher gab es – aus heutiger Sicht gesehen – vielleicht manchmal einen gesellschaftlichen Zwang, die

Trauer zu manifestieren. Wir erinnern uns an schwarze Knöpfe am Revers, an schwarze Binden um den Oberarm und an die schwarze Kleidung von Witwen. Hausarrest mit Besuchen auf dem Friedhof. Still sein, beten, keine Lebensfreude zeigen. Und das mindestens so lange, wie das obligatorische Trauerjahr währte.

VOM RICHTIGEN ZEITPUNKT

VERSTORBENE UND ÜBERLEBENDE sind ungleich. Wie steht es um die Augenhöhe von Lebenden und Toten? Jene die gehen, jene die bleiben – gleichberechtigt, horizontal. Todesanzeigen künden von »zu früh gegangen«, »viel zu früh aus unserer Mitte gerissen« – nicht bei 20-Jährigen, sondern bei 80-Jährigen. Ganz unerwartet verstorben. Plötzlich von uns gegangen.

Darf man denn das überhaupt mit über 80 Jahren: einfach gehen? Ist es für die Alten und ihre Angehörigen nicht vielleicht sinnvoll, in diesem Alter an ein Sterben zu denken? Ein Sterben zu erwägen, vielleicht sogar zu begrüßen? Sterben kann auch Erlösung und Erleichterung sein. Wer urteilt da über wen? Zu spät? Zu früh? Möglicherweise haben Sterbende einen Grund für ihren Zeitpunkt zu gehen.

Die Frage ist, ob alle Betroffenen sich ausreichend mit

dem Thema auseinandersetzen; ob es genügend Dialoge gibt – zwischen allen Beteiligten. Vielleicht schonen wir uns zu sehr. Und das ist niemals gut.

Alles grenzenlos – so lautet die Botschaft der heutigen Gesellschaft an uns. Grenzenlos kommunizieren. Grenzenlos und ewig leben. Wie anstrengend das doch ist! Grenzen haben ihren Sinn und geben Wert. Irgendwann dürfen wir unser Leben beenden, ausruhen, einfach sein.

DER SCHRITT INS WEITERLEBEN

ES GIBT LIEBENDE, LANGJÄHRIGE PAARE, bei denen der eine, die eine stirbt und es eine Katastrophe ist. Der zurückbleibende Partner empfindet tiefe Trauer. Die Einsamkeit nach dem Tod des Partners wird schmerzhaft und traurig empfunden. Aber daneben ist auch viel Raum für Dankbarkeit, für Erleichterung, für Zugewandtheit zum Leben, für Freiheit. Meiner Erfahrung nach betonen alle »anders Trauernden«, dass sie als liebende Weiterlebende lernen müssen, wieder allein zu leben. So viele Jahre und Jahrzehnte waren sie zu zweit, und nun gilt es, die Tage selbst und allein zu strukturieren.

In mehreren Gesprächen mit weiterlebenden Partnern und Partnerinnen sind mir ein neuer Ton und neue Inhalte aufgefallen. Das Unfassbare muss bewältigt werden, das ist noch immer so. Doch spielt die Dankbarkeit zugleich eine ganz entscheidende Rolle. Wir dürfen auch die Freude zeigen an dem, was war und was wertvoll ist. Wir können unsere Erleichterung mitteilen, wenn jemand krank war und erlöst wurde. Und wenn jemand einen guten Tod hatte. Wir dürfen uns wieder – ohne Trauerjahr – dem Leben zuwenden, das nun neu gestaltet werden will. Und wir dürfen auch die neue Freiheit genießen, selbst wenn sie immer wieder schmerzt. So bleiben wir mit den Toten auf Augenhöhe – sie sind dort, wir sind hier. Das ist ein Paradigmenwechsel im Trauern.

Heute müssen wir unsere Trauer nicht mehr nach außen tragen. Auch die Friedhöfe haben sich verändert. Es gibt Gemeinschaftsgräber und Friedwälder. In der Schweiz entscheiden sich Menschen zunehmend dafür, die Asche des Verstorbenen in einem Gewässer, in den Bergen, an einem geliebten Ort zu verstreuen. So entsteht eine neue Umgebung für die Trauer.

DIE KUNST DES GUTEN BEENDENS

BEI DER KUNST DES GUTEN BEENDENS – im Alter, aber nicht nur dann – geht es um eine möglichst versöhnliche, gegenwartsbezogene Lebenshaltung, die ein gutes Beenden erst möglich macht. Die Augenhöhe spielt eine große Rolle, um in Würde etwas zu beenden. Versöhnung und Beenden sind lebenslange Themen – von Geburt an, das ganze Leben hindurch bis hin zum Tod. Auch Solidarität ist in diesem Zusammenhang ein Thema: Gibt es eine solidarische Kunst des guten Beendens?

Wenn wir eine Familie haben, so rückt diese beim Älterwerden meist in den Vordergrund. Die Themen Klärung, Bereinigung und Versöhnung – Versöhnung mit sich selbst und mit den anderen – drängen sich auf.

Familie ist ein System, das heißt, es gibt verschiedene Perspektiven, verschiedene Bedürfnisse und Interessen und unterschiedliche Lebenshaltungen, was das Beendenwollen und -können betrifft. Diese Bedürfnis- und Interessenvielfalt gilt es zu integrieren.

IM STERBEN VERBUNDENHEIT UND SOLIDARITÄT ERLEBEN

Eine 87-jährige Frau sagt kurz vor dem Sterben: »Die Verbindung mit der Familie hilft mir, die Beschwerden

*auszuhalten. Eigentlich ist es trotz allem eine gute Zeit
vor dem Sterben: Meine Geschwister, meine Kinder,
meine Enkelkinder sind da. Wir haben es gut miteinander. Manchmal erscheint mir das Abschiednehmen und
Sterbendürfen schön. Dann wieder weiß ich nicht, was
das ist, wie ich es mache, ob ich lernen kann, wie Sterben
eigentlich geht. Ich möchte beides: bei meinen Lieben
bleiben – und auf die andere Seite gehen, da mein Körper
nicht mehr will. Die andere Seite zieht mich auch an, je
länger, je mehr.«*

*Und einige Tage später sagt sie zu ihren vier Töch-
tern: »Ich gehe jetzt. Im Traum kann ich ja immer zu
euch kommen.«*

*In derselben Nacht stirbt sie. Eine Tochter ist – schla-
fend – bei ihr im Raum.*

*Das ist gutes Beenden. Eine ziemlich harmonische
Familie. Verlässliche, solidarische Geschwisterkontakte.
Eine mit ihrem Leben versöhnte Mutter, Witwe, die alters-
schwach friedlich zu Hause stirbt – das gibt es noch.*

*Die alte Frau hat viele Fragen und ist unsicher. Ihr
Erleben ist durchaus ambivalent: Will ich gehen oder
bleiben? Sie ist nicht ganz ohne Angst, aber voller Dankbarkeit und Liebe. Und schließlich versöhnt mit ihrem
Sterben.*

Eine Freundin, die einen mehrjährigen, krankheits-
geprägten und schmerzhaften Abschied durchstehen
musste, sagte kurz bevor sie starb: »Ich bin eigentlich
ganz glücklich über die unglückliche Zeit.« Sie, die ihren
Krebs als extreme Kränkung erlebt hatte, sagte nun, sie
sei eigentlich ganz glücklich – und meinte die Zuwen-
dung, die Zuversicht und den Zuspruch, den ihre Familie
ihr gab. Am Ende ihres Lebens stand sie im Mittelpunkt,
und alle um sie herum standen solidarisch zusammen.

OFFEN ÜBER DAS STERBEN REDEN

Solidarität hat viel damit zu tun, dass wir offen dafür sind,
in einer versöhnlichen, akzeptierenden Haltung miteinander zu kommunizieren.

Der Hausarzt besucht einen alten Patienten. Schon an
der Tür beschwört ihn die Ehefrau im Flüsterton, er dürfe
ihrem Mann nicht sagen, wie schlimm es um ihn stehe.
Ihr Mann liege im Sterben, aber sie wolle nicht, dass er
die Hoffnung verliere. Im Zimmer des Kranken zeigt die
Ehefrau betonte Fröhlichkeit und Ermutigung. Der alte
Mann im Bett lächelt. Da klingelt es an der Tür und die
Ehefrau wirft dem Arzt einen strengen Blick zu, als sie
das Zimmer verlässt.

Der Patient flüstert dem Arzt dringlich zu, er wisse,
dass er im Sterben liege. Er bittet den Arzt, es der Frau
nicht zu sagen: Sie würde es nicht ertragen. Der Arzt
erzählt ihm, dass ihn die Frau um dasselbe gebeten habe.

Die Frau kommt zurück, sieht, dass ihr Mann weint,
und schreit den Arzt an: »Ich habe Ihnen doch ver-
boten...« Ihr Mann unterbricht sie und erzählt ihr, was
wirklich passiert ist. Beide fallen sich weinend in die
Arme.[13]

In der heutigen Zeit mündiger Patienten und gemein-
samer, partnerschaftlicher Entscheidungen erstaunt ein
solches Beispiel. Einer versucht den anderen zu schonen,
dabei schonen beide eigentlich sich selbst – und machen
das eigene Problem am anderen fest. Das ist eine Form der
Kontrolle, die ziemlich übergriffig ist. Ich glaube, wenn
Paare das klar begreifen, werden sie nicht weiterhin Ver-
steck spielen wollen, weil sie sich damit eines Abschieds
in Würde berauben – im Hier und Jetzt.

Nicht nur das »Schonen« des anderen ist ein Problem.
Es gibt viele Varianten des Verschweigens, die nicht
authentisch sind – wenn auch gut gemeint – und schlechte
Folgen haben. So kann man nicht zusammenhalten, nicht
solidarisch sein.

FAMILIE IST MEHR ALS FLEISCH UND BLUT

VIELE ALTE MENSCHEN ZIEHEN SICH ZURÜCK, wenn es dem Ende entgegengeht. Sie möchten sich außerhalb der Familie in ihrer Schwäche, ihrer Krankheit, ihrer Bedürftigkeit, ihrem allgemeinen Abbau nicht mehr zeigen. Dazu passen die Todesanzeigen, die oft ausschließlich die familiären Rollen der Verstorbenen erwähnen – als hätten diese Menschen nie gute Freunde und Freundinnen gehabt, die im Leben einen wichtigen Platz eingenommen haben. Als hätten die Verstorbenen nur familiäre Solidarität erlebt und sonst nichts.

Es ist mir auch an dieser Stelle, beim Thema Sterben, immer wieder wichtig, bei Großeltern, in Patchwork-familien und bei Singles das soziale Umfeld zu betonen. Es muss nicht immer das eigene Fleisch und Blut sein, denn die sozialen Beziehungen verkörpern eine neue Form von Solidarität, die für das lange gemeinsame Leben wichtig ist.

Eine todkranke Mutter wird durch die Sterbebegleitung Exit sterben. Sie bittet ihre einzige Tochter, ihr bei der Einnahme des Trunkes das letzte Geleit zu geben. Die Tochter, die sich ein Leben lang von der Mutter abgelehnt fühlte, sagt Nein. Anschließend erklärt sich eine Freundin der Mutter bereit, dabei zu sein.

Es muss nicht immer die Familie sein. Es gibt auch Freunde, Freundinnen, die dem sterbenden Menschen vielleicht emotional näherstehen, aber auch emotional unbelasteter sind als die Blutsverwandten. Auch das ist Augenhöhe.

EHRLICHE GEFÜHLE ALS AUSDRUCK VON AUGENHÖHE

FAMILIENMITGLIEDER KÖNNEN SICH GLEICHGÜLTIG STELLEN, aber Gleichgültigkeit in der Familie gibt es nicht. Wenn es gelingt, die Fassade der Gleichgültigkeit zu durchbrechen, kommen die schwierigen Aspekte der Beziehungen zum Vorschein: Enttäuschung, Kränkung, Unterdrückung, Entwertung, Neid, Eifersucht.

Die Gleichgültigkeit dient als Schutz vor diesen schmerzlichen Gefühlen. Das scheinbar Gleichgültige, Feindselige und Missgünstige in Familien ist zumeist eine Verleugnung und Abwehr der liebevollen und zugewandten Gefühle. Und trotzdem war es das Recht der Tochter, Nein zu sagen und sich nicht widerwillig dem Wunsch der Mutter zu fügen. Auch dieses Nein ist Augenhöhe.

KAPITEL 04 | STERBEN IST DAS LETZTE GEHEIMNIS

PRÉLUDE

*»Sie hat mir immer gesagt, das leben sei
ein geheimnis, aber ich habe nie verstanden,
was sie damit meint …«*

ROBERT LAX

STERBEN IST DAS LETZTE GEHEIMNIS

Niemand von uns Lebenden weiß, wie es bei uns sein wird

wenn die Sanduhr des Lebens abläuft

wenn das Leben endgültig verbraucht ist

wenn das Universum uns zurücknimmt im Tod

So wie es uns einmal bei unserer Geburt
hergegeben hat für die irdische Existenz
Wir spüren die Verwandtschaft von Geburt und Tod
und stellen fest, dass der Mensch
sich immer mehr einmischt und mehr kontrolliert
wo doch die Natur »geschehen lassen« vorgesehen hat

Sterben ist das letzte Geheimnis
in einer Welt, in der Geheimnisse öffentlich sind
Intimitäten auf der Straße gezeigt werden
in der gleichzeitig Menschen und Flugzeuge verschwinden
und nicht mehr gefunden werden
verstorben, ohne Echo, ohne Abschied
Wir wissen weniger, als wir meinen
zu wissen und zu kennen

Sterben ist das letzte Geheimnis
es macht uns Angst, Angst vor dem Ausgeliefertsein
Angst vor Schmerz und Qual
Angst vor der Auslöschung der Person, des Ich
Angst vor Abschieden, vor Trennungen, vor Abbrüchen
Angst vor der Angst vor der Angst vor der Angst
Angst, die die Wahrnehmung verzerrt
Sterben verschont niemanden auf dieser Erde
es trifft alle, und unendlich viele

sind uns da vorausgegangen
Das kann uns seelisch mit den Toten verbinden
und lässt uns die Einheit
von Toten und Lebenden spüren
wir alle gehören zusammen

Sterben ist das letzte Geheimnis
Es ist der Übergang von dieser zur anderen Seite
Von der anderen Seite sind wir gekommen
zur anderen Seite kehren wir wieder zurück
Das Leben schenkt uns immer wieder Ahnungen
von der »anderen« Seite
Im kleinen Tod des Liebesaktes erahnen wir sie
im Traum begegnen wir Lebenden und Toten
In Halluzination und Wahn, in der Fantasie
in erleuchteten Momenten spüren wir die andere Seite
in Genialität und Übersinnlichkeit und Unbewusstem
die andere Seite ist immer schon da

Ist denn das Leben besser als das Sterben und der Tod?
Trotz aller Mühsal des Lebens das Dasein
besser als das Sterben?
Der greise Mann im Altersheim sagt,
dass er noch keine positive Beziehung
zum Tod gefunden habe

obwohl ihn sein Pfarrberuf unzählige Male
mit Sterben und Tod und Verabschiedung
in Berührung gebracht hat
Die eigene Endlichkeit ist etwas anderes
als die der anderen

Sterben ist das letzte Rätsel
Ins Altersheim gehen heißt die Endlichkeit stärker
in den Blick zu bekommen
Es wird gestorben im Altersheim
Das lässt sich an diesem Ort nicht verdrängen,
wenn ein Tischplatz eines Morgens leer bleibt
wenn ein Zimmerschild wechselt
wenn ein vertrauter Mensch über Nacht für immer weggeht
Und es gibt im Altersheim diese Frau, die oft
spürt, wenn jemand sterben wird in der Nacht
und abends Abschied nehmen kann von den Todgeweihten
Das Altersheim ist ein besonderer Ort

Kann man Sterben lernen?
Wie geht man auf die andere Seite?
Fragen und Vermutungen, Hoffnung und Zweifel
Am Ende der Endlichkeit der Hunger nach Unendlichkeit
nach Weite und Licht und Schwerelosigkeit
Das mögliche Wiedersehen mit lieben Menschen –

das ja auch zur bösen Überraschung werden könnte
alles bleibt Geheimnis und Rätsel

Das gnädige Sterben, das sanfte Sterben
Sterben aus Altersschwäche – es ist ein Privileg
in unserer Welt von Allmacht und Kontrolle
Wenn das Alter einen großen Grad an Mühsal erreicht hat
wird die tägliche Freude am Leben geringer
das Irdische kann beschwerlich werden
So sehr, dass jeder verstorbene Mensch beneidet wird
weil er ihn hinter sich hat, den Durchgang und
Hinübergang
Er darf sich in seiner Schwerelosigkeit ausruhen
von allen Abscheulichkeiten
von allen Schönheiten

Lebenssatt, lebensmüde
und der Gedanke, dass Sterben Glück ist nach einem
langen, guten Leben
Gnädig und sanft – wer wünscht sich kein solches Sterben?
Wer wünscht sich nicht ein einverstandenes Sterben
ein versöhntes Sterben weil dieses Leben gelebt wurde
alles gesagt und gelebt – und überstanden
bis zum letzten Schritt

INTERLUDE

*»Gus, meine (junge) große unglückselige Liebe
meines Lebens, ich kann dir nicht sagen,
wie unendlich dankbar ich bin für unsere kleine
Unendlichkeit. Du hast mir mit deinen gezählten
Tagen eine Ewigkeit geschenkt.«*
JOHN GREEN

WENN JUNGE MENSCHEN TODKRANK STERBEN

mit sechzehn und siebzehn Jahren

dann stimmt die Reihenfolge nicht mehr

Wenn Kinder vor den Eltern sterben

dann verstehen wir diese und die andere Welt nicht mehr

aber auch das gibt es, unter uns, neben uns

man kann sich nicht aussuchen,

ob man verletzt wird auf dieser Welt

ob das Sterben in der Jugend, in der Reife, im Alter

geschieht

Auch diese beiden Jungen haben ihr gezähltes Leben

in wachsenden Ringen gelebt

Sie konnten es nicht vollenden, aber sie haben

ihre Liebe vollendet

sie sind nicht lebensmüde und satt geworden

die Tage waren von vornherein gezählt

Der Tod gehörte von Beginn an zu ihrem
jungen Leben und ihrer Liebe
natürlich haben sie die Zukunft vermisst
doch sie spürten immer die Endlichkeit
die Unendlichkeit – im Herzen

Die jungen und alten Sterbenden gehören zur
Schicksalsgemeinschaft von lauter Abhängigen
Betreuer werden zu Betreuten
und doch ist jeder Mensch ein besonderer
der mit seiner Besonderheit den Überlebenden
in Erinnerung bleiben wird
Es gibt bis zur letzten Lebensstunde
zu lernen von den anderen
von jenen, die die andere Seite spüren
die dem Geheimnis auf der Spur sind
Sterben ist das letzte Geheimnis

Wenn wir es uns wünschen könnten
einfach zu verschwinden, uns aufzulösen
wie die weißen Wolken am blauen Himmel
sie haben sich geformt, eben waren sie noch da
jetzt sind sie verschwunden
Wohin sind sie gegangen? Woher sind sie gekommen?
Eine weiße Wolke ist ein schönes Rätsel

im Universum, im All, im Nichts beheimatet
in der Unendlichkeit
im Kommen und Gehen, nicht zu erobern
und nicht zu besiegen
der weißen Wolke gehört alles
Sie ist der weglose Weg und zieht dahin
wo immer der Wind weht

Wenn wir uns wünschen, wie eine weiße Wolke zu sein
dann sind wir auf dem weglosen Weg
wo wir uns nicht mehr fürchten müssen
wir werden zur weißen Wolke
wenn wir sie lange genug betrachten
wenn wir mit ihr verschmelzen
vielleicht ist das Glück[14]

AUSBLICK

WAS IST WIRKLICH ANDERS in der heutigen Generation, die älter wird? Hat Solidarität eine Chance? Haben Verbundenheit und Liebe eine Chance – innerhalb der älteren Generation und zwischen den verschiedenen Generationen? Das sind die Fragen, die ich zum Schluss noch einmal beleuchten möchte.

Eingangs wurde von der persönlichen und der sozialen Seite des Alterns und Alters gesprochen. Zur persönlichen Seite gehört die vielfach erwähnte Autonomie. So lange wie möglich selbstständig leben; wissen, wo man sich Informationen und Netzwerke zum langen guten Leben im Alter holt; so lange wie möglich in den lieben alten Gewohnheiten verweilen können; die Fühler ausstrecken zu guten, frohen, lebensbejahenden Beziehungen.

Zur selben persönlichen Seite gehören die altersgemäßen seelischen, reifen Möglichkeiten zu Gelassenheit, Dankbarkeit, Versöhnlichkeit, Friede, Melancholie und Trauer und nochmals Dankbarkeit und Liebe. Es ist gut, um diese Entwicklungschancen im Älterwerden zu wissen, daran zu glauben, und jeden Tag ein Quäntchen davon umzusetzen.

Die soziale Seite umfasst die oft erwähnte und so wichtige Solidarität, die es in vielen Lebensbereichen braucht, um gut miteinander lange zu leben und in Frieden zu sterben.

Die neue Solidarität in unserer Generation zeichnet sich durch Freiwilligkeit aus – Freiwilligkeit, wo früher Selbstverständlichkeit, Zwang und oft Sprachlosigkeit und Autorität herrschten. Doch da das Gute nicht automatisch freiwillig funktioniert, braucht es nach Bedarf eine auf Regeln gegründete Solidarität.

JEDES LEBENSALTER WIRD GEBRAUCHT

UNSER LEBEN ÖFFNET SICH ZUR UNENDLICHKEIT. Noch sind wir in der Endlichkeit. Im Altern gibt es Berührungspunkte zu den früheren Generationen. Nicht alles ist neu, vieles ist auch gleich geblieben. Das Alter stellt etwas Archetypisches dar. Und das Neue hat mit Reflexion, selbstständig handeln, den Lebensraum ausweiten, verändern in allen

Lebensbereichen zu tun. Und damit, die neue Freiheit auszukosten.

Wichtig ist die Erkenntnis, dass die verschiedenen Lebensalter für unsere Gesellschaft wichtig und produktiv sind; es braucht sie alle, alle, alle – jung, mittleren Alters und alt. Jedes Lebensalter bereichert auf seine Weise die Gesellschaft, in der wir leben. Geben wir jedem Alter seine Chance und Produktivität und suchen wir solidarische Formen, um uns unter den Altersgruppen fruchtbar auszutauschen.

Dieser Prozess ist in Form von vielen Aktionen und Initiativen im Gang. Lassen wir uns von unseren Wünschen und Fantasien leiten, um gut zu leben und um gut lange miteinander zu wirken. Und halten wir uns gegenseitig auf dem Laufenden, um weiterhin neue Ideen zu entwickeln, wie Verbundenheit, Solidarität und Liebe dem Alter seinen Wert geben können.

DANK

JEDES BUCH IST EIN GEMEINSCHAFTSWERK. Wir Menschen sind soziale Wesen. Wir stehen im Austausch mit unseren Mit-Menschen, mit der Welt. Solidarität – gottlob.

Ich danke Jean-Pierre Fragnière, dem so liebenswerten, inspirierenden Freund und genialen Denker und Schreiber, für alles das, was er über Älterwerden, Solidarität, Alter und Tod vorgedacht, geschrieben und erzählt hat.

Viele Altersforscherinnen und -forscher, Schreiberinnen und Schreiber sind meiner Arbeit vorangegangen. Ihnen allen sei Dank.

Dank sei dem Team des *Grosseltern Magazin* für seine Pionierarbeit, seinen Elan und seine Fantasie.

Großer herzlicher Dank gilt meinen Freundinnen und Freunden, meiner Tochter und meinem Sohn mit Familien, meinen Geschwistern, meinem Lebenspartner –

danke für all die unzähligen bereichernden und ärgerlichen, ermutigenden und deprimierenden Gespräche. Ich bin reich beschenkt mit wundervollen Menschen um mich herum.

Ich bin dankbar, das mich Frau Mathilde Fischer, Verlegerin von Fischer & Gann, einmal mehr ermutigt und begleitet hat, meine Gedanken zum »Anders älter werden« aufs Papier zu bringen. Ich habe dabei Solidarität und Verbundenheit erlebt und bin dafür dankbar.

Frau Dorothee Dziewas hat meinen Text einfühlsam und kompetent lektoriert. Auch ihr gebührt mein herzlicher Dank.

ANMERKUNGEN

1 Vgl. Gross, P.: Wir werden älter, Freiburg 2014.

2 Irle, M.: Älterwerden für Anfänger, Reinbek 2009, S. 30f; Berliner Studie

3 Diese Haikus verdanke ich meiner Freundin Anne-Marie Käppeli. In: Früchte der Stille. Mit Holzschnitten und verlegt von Gerhard S. Schürch, Editions Dendron 2016

4 Diese Zeilen (Hervorhebung durch die Autorin) verdanke ich Susanne Meyer in der Vorstellung ihres neuen Buches »Die Kunst, stilvoll älter zu werden« in: Die ZEIT. Nr. 10, 25. Februar 2016

5 Vgl. als Beispiele Höpflinger, F. et al.: Wohnen im höheren Lebensalter, Zürich 2014; Grosseltern Magazin 3/2016: Wie wohnen, wenn man älter wird? (S. 40). Ich verweise hier auch auf Google, da sehr viele aktuelle spannende Berichte über das Wohnen im Alter fast täglich in Zeitschriften und Magazinen erscheinen.

6 Seit Frühling 2015 betreue ich als Fachperson und Großmutter die Seite »Aus der Praxis« im *Grosseltern Magazin*. Mit der Genehmigung der Redaktion freue ich mich, einen Teil dieser Dialoge hier zur Verfügung zu stellen.

7 Die Fabel stammt von Achebe Chinua, wohl auch er ein Überlieferer. Ich habe die Fabel in Ley, K.: Geschwisterbande, Düsseldorf 2007, S. 77–80, verwendet.

8 R. M. Rilke in einem Brief an Arthur Holitscher, 1905.

9 Irle, M.: Älterwerden für Anfänger, a. a. O., S. 107

10 Daimler, R.: Wir wilden weisen Frauen: Von der Kunst des Älterwerdens, München 2014

11 Schmidbauer, W.: Altern ohne Angst, Reinbek 2009

12 Ries, M.-L., Arioli, K. (Hrsg.): Die neuen alten Frauen. Das Alter gestalten – Erfahrungen teilen – Sichtbar werden, Zürich 2015.

13 Borasio, G. D.: Über das Sterben. Was wir wissen. Was wir tun können. Wie wir uns einstellen können, München 2012, S. 65f.

14 Dies ist eine überarbeitete Fassung eines Textes, den ich für «Heimgang» geschrieben habe. Gedanken über den Lebensabend. Von Otto Streckeisen. Fistarol, C., Kunz, R., Lüssi, W. (Hrsg.), Zürich 2015.

LITERATUR

ALBOM, MITCH (2002): Dienstags bei Morrie. Die Lehre eines Lebens. Goldmann, München

BACKES, G. M., AMRHEIN, L. (2008): Potenziale und Ressourcen des Alters im Kontext von sozialer Ungleichheit und Langlebigkeit. In: Künemund, K. R., Schroeter K. R. (Hg.).

BALTES, PAUL B. et al. (2006): Berliner Altersstudie. Berlin

BEAUVOIR DE, SIMONE (1977): Das Alter (La vieillesse 1970). Rowohlt, Reinbek

BISCHOFF-FERRARI, HEIKE et al. (2015): Do-Health. Grösstes medizinisches Altersforschungsprojekt in Europa. 2012–18, Universität Zürich. Vgl. Interview NZZ, 24.3.2015

BORASIO, GIAN DOMENICO (2012): Über das Sterben. Was wir wissen. Was wir tun können. Wie wir uns einstellen können. C. H. Beck, München

DAIMLER, RENATE (2014): Wir wilden weisen Frauen: Von der Kunst des Älterwerdens. Kösel, München

DIES. (1999): Verschwiegene Lust. Deuticke, München

FRAGNIÈRE, JEAN-PIERRE (2011): Les retraités. Des Projets de vie. Réalités Sociales, Lausanne

DERS. (2013): Retraités actives et solidaires au Valais. Ed. Carte, Sierre

DERS. (2014): Vivre ensemble longtemps. www.vivreensemble-longtemps.ch. Ed. Socialinfo, Lausanne

DERS. (2016): Bienvenue dans la société de longue vie. Réalités Sociales, Lausanne

GEIGER, ARNO (2011): Der alte König in seinem Exil. Hanser, München

GROSS, PETER (2013): Wir werden älter. Vielen Dank. Aber wozu? Herder, Freiburg

«GROSSELTERN. Das Magazin über das Leben mit Enkelkindern». Erscheint monatlich.
www. grosseltern-magazin.ch. Baden/Schweiz

HARRISON, ROBERT P. (2014): Ewige Jugend. Eine Kulturgeschichte des Alterns. Hanser, München

HILLMAN, JAMES (2004): Vom Sinn des langen Lebens. Wir werden, was wir sind. dtv, München

HÖPFLINGER, FRANÇOIS et al. (2014): Wohnen im höheren Lebensalter. Seismo, Zürich

IRLE, MATHIAS (2009): Älterwerden für Anfänger. Rowohlt, Reinbek

JAEGGI, EVA (2005): Tritt einen Schritt zurück, und du siehst mehr. Herder, Freiburg

KUNTZE, SVEN (2011): Altern wie ein Gentleman. Bertelsmann, München

LEY, KATHARINA (2001/2007): Geschwisterbande. Liebe, Hass und Solidarität. Walter bei Patmos, Düsseldorf

DIES. (1995): Wenn sich eine neue Familie findet – Ressourcen und Konflikte in Patchwork- und Fortsetzungsfamilien. In: Prax. Kinderpsychol. Kinderpsychiat., 54:802-816 (2005). Vandenhoeck & Ruprecht, Göttingen

DIES. (2005/2009): Versöhnung lernen – Versöhnung leben. Wie innere Freiheit entsteht. Walter bei Patmos, Düsseldorf

DIES. (2008): Die Kunst des guten Beendens. Wie große Veränderungen entstehen. Kreuz, Stuttgart

DIES. (2011): Tue, was dich anlächelt. Von der Qual der Wahl zur Fülle des Lebens. Kreuz, Freiburg

DIES. (2015): Das letzte Geheimnis. In: Fistarol C. et al.: Heimgang. Gedanken über den Lebensabend. rüffer & rub, Zürich

LÜSCHER, K., LIEGLE, L. (2003): Generationenbeziehungen in Familie und Gesellschaft. UVK Verlag, Konstanz

LIVELY, PENELOPE (2013): Ammonites and leaping fish. A life in time. Penguin, London

MARKUS, URSULA, LANFRANCONI, PAULA (2007): Schöne Aussichten. Über Lebenskunst im hohen Alter. Schwabe, Stuttgart

MAYER, SUSANNE (2016): Die Kunst, stilvoll älter zu werden. Erfahrungen aus der Vintage-Zone. Berlin Verlag, Berlin

MITSCHERLICH, MARGARETE (2010): Die Radikalität des Alters. S. Fischer, Frankfurt a. M.

PANIAN, REBECCA et al. (2014): Zu Ende denken. Film und Begleitbuch. Woerterseh, Gockhausen

PERRIG-CHIELLO, PASQUALINA, HÖPFLINGER, FRANÇOIS (2009): Die Babyboomer. Eine Generation revolutioniert das Alter. Neue Zürcher Zeitung Verlag, Zürich

DIES., SEILER, C. (2008): Generation – Strukturen und Beziehungen. Generationenbericht Schweiz. Seismo, Zürich

RIES, MARIE-LOUISE, ARIOLI, KATHRIN (Hrsg.) (2015): Die neuen alten Frauen. Das Alter gestalten – Erfahrungen teilen – Sichtbar werden. Limmat Verlag, Zürich

SCHMIDBAUER, WOLFGANG (2003): Altern ohne Angst. Rowohlt, Reinbek

SCHÖLZKE, MELANIE (2015): Die Lebenskunst der Älteren. Was wir uns von ihnen abschauen können. Kreuz, Freiburg

STARKE, CLAUDIA, HESS, THOMAS (2015): Das Patchwork-Buch – Wie Familien zusammenwachsen. Beltz, Weinheim

STOCKER, MONIKA, SEIFERT, KURT (2015): Alles hat seine Zeit. Über Hochaltrigkeit. Theologischer Verlag, Zürich

QUINODOZ, DANIELLE (2010): Älterwerden – eine Entdeckungsreise. Psychosozial, Gießen

WIEDERKEHR, KATRIN (2015): I. Tod und Glaube. II. Tod und Selbstbestimmung. III. Sterben lernen. In: Journal 21 (Online-Journal), www.journal21.ch/wiederkehr

YALOM, IRVIN D. (2008): In die Sonne schauen. Wie man die Angst vor dem Tod überwindet. btb, München

INGRID RIEDEL
LEBENSPHASEN – LEBENSCHANCEN

VOM GELASSENEN UMGANG MIT DEM ÄLTERWERDEN

14 x 22 cm, ca. 196 Seiten
ISBN 978-3-903072-02-2

WENDEPUNKTE, ABSCHNITTE, BESTIMMTE PHASEN prägen unser Leben. Und jede Phase bringt Herausforderungen, aber auch Chancen mit sich, so die bekannte Psychotherapeutin Ingrid Riedel.

In diesem Interviewband, in dem sie uns an ihren reichen persönlichen Lebenserfahrungen teilhaben lässt, beschreibt sie die einzelnen Lebensphasen und die damit verbundenen inneren Gefühle – von der Kindheit und Jugend, den verschiedenen Abschnitten des Erwachsenseins bis hin zum frühen und späteren Alter.

Was heißt es für Frauen wie auch für Männer, »phasengerecht« zu leben? Welche Chancen bietet uns die zweite Lebenshälfte, und wie können wir uns dem Thema des Lebensendes stellen?

Diesen und vielen anderen großen Lebensfragen geht die erfahrene Psychotherapeutin nach – voller Wärme, Souveränität und tiefer Lebensweisheit.

fischer **&** *gann*

Das gesamte Verlagsprogramm finden Sie unter www.fischerundgann.com

HANS JELLOUSCHEK
PAARE UND KREBS

WIE PARTNER GUT DAMIT UMGEHEN

14 x 22 cm, ca. 176 Seiten
ISBN 978-3-903072-18-3

KAUM EINE NACHRICHT ERSCHÜTTERT SO SEHR wie die Diagnose Krebs. Binnen Sekunden gerät das ganze Leben aus den Fugen – für die Betroffenen, aber auch für ihre Lieben.

Hans Jellouschek erzählt sehr einfühlsam die Geschichte der Krebserkrankung seiner Frau Margarete. Mehr als eineinhalb Jahrzehnte hat er sie begleitet – bis zum bitteren Ende.

Mit großer Offenheit spricht er vom gemeinsamen Ringen mit der Krankheit, den Ängsten, der Hoffnung und den Bewährungsproben für die Beziehung. Ein Weg, der aber auch die Chance einer Entwicklung für Paare bietet, so Hans Jellouschek. Er schreibt: »Der Krebs hat uns herausgefordert zu einer Auseinandersetzung mit dem Leben, die uns bereichert und in eine Tiefe der Liebe geführt hat, die wir sonst nicht erreicht hätten.«

fischer **&** *gann*

Das gesamte Verlagsprogramm finden Sie unter www.fischerundgann.com